中国农垦农场志丛

北　京

东风农场志

中国农垦农场志丛编纂委员会　组编
北京东风农场志编纂委员会　主编

中国农业出版社
北　京

图书在版编目（CIP）数据

北京东风农场志/中国农垦农场志丛编纂委员会组编；北京东风农场志编纂委员会主编. —北京：中国农业出版社，2021.9
（中国农垦农场志丛）
ISBN 978-7-109-28479-1

Ⅰ.①北… Ⅱ.①中…②北… Ⅲ.①国营农场–概况–北京 Ⅳ.①F324.1

中国版本图书馆CIP数据核字(2021)第133621号

出 版 人：陈邦勋
出版策划：刘爱芳
丛书统筹：王庆宁
审 稿 组：干锦春 薛 波
编 辑 组：闫保荣 王庆宁 黄 曦 李 梅 吕 睿 刘昊阳 赵世元
设 计 组：姜 欣 杜 然 关晓迪
工 艺 组：王 凯 王 宏 吴丽婷
发行宣传：毛志强 郑 静 曹建丽

北京东风农场志
Beijing Dongfeng Nongchangzhi

中国农业出版社出版
地址：北京市朝阳区麦子店街18号楼
邮编：100125
责任编辑：王庆宁 文字编辑：吴丽婷
责任校对：周丽芳 责任印制：王 宏
印刷：北京通州皇家印刷厂
版次：2021年9月第1版
印次：2021年9月北京第1次印刷
发行：新华书店北京发行所
开本：889mm × 1194mm 1/16
印张：13.5 插页：4
字数：350千字
定价：108.00元

农机耕作表演（1958 年）

建场初期养鸭场（1961 年）

远赴新疆接伊犁种马（1977 年）

东风农场书记李凌新（左四）、惠万林（右二）陪同农场管理局局长郭芳（左一）视察麦田（1980 年 6 月）

庆祝建党 70 周年大会（1991 年 6 月 28 日）

召开三元置业成立大会（2002 年 8 月 20 日）

首农集团党委副书记马辉（后排左四）等领导参加三元科技研发中心项目奠基仪式（2015 年 7 月 28 日）

三峡资产管理中心收房仪式（2016 年 10 月）

首农集团党委副书记、董事、总经理薛刚（右三）来农场检查工作（2017 年 11 月 30 日）

首农食品集团党委书记、董事长王国丰（前排正中），党委常委副总经理马建梅（前排左一）等领导一行到东风农场考察调研 (2018 年 12 月 8 日)

东风农场转型后的标志性建筑——东枫德必 WE 人工智能创新基地

中国农垦农场志丛编纂委员会

主　任

张桃林

副主任

左常升　邓庆海　李尚兰　陈邦勋　彭剑良　程景民　王润雷

成　员（按垦区排序）

马　辉　张庆东　张保强　薛志省　赵永华　李德海　麦　朝

王守聪　许如庆　胡兆辉　孙飞翔　王良贵　李岱一　赖金生

于永德　陈金剑　李胜强　唐道明　支光南　张安明　张志坚

陈孟坤　田李文　步　涛　余　繁　林　木　王　韬　魏国斌

巩爱岐　段志强　聂　新　高　宁　周云江　朱云生　常　芳

中国农垦农场志丛编纂委员会办公室

主　任

王润雷

副主任

陈忠毅　刘爱芳　武新宇　明　星

成　员

胡从九　李红梅　刘琢琬　闫保荣　王庆宁

中国农垦农场志丛

北京东风农场志编纂委员会

主　　任

于永杰

副 主 任

何　冰　任占伟

编　　委

赵青雷　潘　亮　茅为立　邵建祥　高小霞

张　妍　高向荣　刘晓东　吕文越　王　颖

申　晨　宗　谦　何燕斌

执　　笔

侯启泉

资料提供

郑　建　叶复兴　胡玉让　马战友　王　利

耿　炜

总序

中国农垦农场志丛自2017年开始酝酿，历经几度春秋寒暑，终于在建党100周年之际，陆续面世。在此，谨向所有为修此志作出贡献、付出心血的同志表示诚挚的敬意和由衷的感谢！

中国共产党领导开创的农垦事业，为中华人民共和国的诞生和发展立下汗马功劳。八十余年来，农垦事业的发展与共和国的命运紧密相连，在使命履行中，农场成长为国有农业经济的骨干和代表，成为国家在关键时刻抓得住、用得上的重要力量。

如果将农垦比作大厦，那么农场就是砖瓦，是基本单位。在全国31个省（自治区、直辖市，港澳台除外），分布着1800多个农垦农场。这些星罗棋布的农场如一颗颗玉珠，明暗随农垦的历史进程而起伏；当其融汇在一起，则又映射出农垦事业波澜壮阔的历史画卷，绽放着"艰苦奋斗、勇于开拓"的精神光芒。

（一）

"农垦"概念源于历史悠久的"屯田"。早在秦汉时期就有了移民垦荒，至汉武帝时创立军屯，用于保障军粮供应。之后，历代沿袭屯田这一做法，充实国库，供养军队。

中国共产党借鉴历代屯田经验，发动群众垦荒造田。1933年2月，中华苏维埃共和国临时中央政府颁布《开垦荒地荒田办法》，规定“县区土地部、乡政府要马上调查统计本地所有荒田荒地，切实计划、发动群众去开荒”。到抗日战争时期，中国共产党大规模地发动军人进行农垦实践，肩负起支援抗战的特殊使命，农垦事业正式登上了历史舞台。

20世纪30年代末至40年代初，抗日战争进入相持阶段，在日军扫荡和国民党军事包围、经济封锁等多重压力下，陕甘宁边区生活日益困难。“我们曾经弄到几乎没有衣穿，没有油吃，没有纸、没有菜，战士没有鞋袜，工作人员在冬天没有被盖。”毛泽东同志曾这样讲道。

面对艰难处境，中共中央决定开展“自己动手，丰衣足食”的生产自救。1939年2月2日，毛泽东同志在延安生产动员大会上发出“自己动手”的号召。1940年2月10日，中共中央、中央军委发出《关于开展生产运动的指示》，要求各部队“一面战斗、一面生产、一面学习”。于是，陕甘宁边区掀起了一场轰轰烈烈的大生产运动。

这个时期，抗日根据地的第一个农场——光华农场诞生了。1939年冬，根据中共中央的决定，光华农场在延安筹办，生产牛奶、蔬菜等食物。同时，进行农业科学实验、技术推广，示范带动周边群众。这不同于古代屯田，开创了农垦示范带动的历史先河。

在大生产运动中，还有一面“旗帜”高高飘扬，让人肃然起敬，它就是举世闻名的南泥湾大生产运动。

1940年6—7月，为了解陕甘宁边区自然状况、促进边区建设事业发展，在中共中央财政经济部的支持下，边区政府建设厅的农林科学家乐天宇等一行6人，历时47天，全面考察了边区的森林自然状况，并完成了《陕甘宁边区森林考察团报告书》，报告建议垦殖南泥洼（即南泥湾）。之后，朱德总司令亲自前往南泥洼考察，谋划南泥洼的开发建设。

1941年春天，受中共中央的委托，王震将军率领三五九旅进驻南泥湾。那时，南泥湾俗称“烂泥湾”，“方圆百里山连山”，战士们“只见梢林不见天”，身边做伴的是满山窜的狼豹黄羊。在这种艰苦处境中，战士们攻坚克难，一手拿枪，一手拿镐，练兵开荒两不误，把“烂泥湾”变成了陕北的“好江南”。从1941年到1944年，仅仅几年时间，三五九旅的粮食产量由0.12万石猛增到3.7万石，上缴公粮1万石，达到了耕一余一。与此同时，工业、商业、运输业、畜牧业和建筑业也得到了迅速发展。

南泥湾大生产运动，作为中国共产党第一次大规模的军垦，被视为农垦事业的开端，南泥湾也成为农垦事业和农垦精神的发祥地。

进入解放战争时期，建立巩固的东北根据地成为中共中央全方位战略的重要组成部分。毛泽东同志在1945年12月28日为中共中央起草的《建立巩固的东北根据地》中，明确指出“我党现时在东北的任务，是建立根据地，是在东满、北满、西满建立巩固的军事政治的根据地”，要求“除集中行动负有重大作战任务的野战兵团外，一切部队和机关，必须在战斗和工作之暇从事生产”。

紧接着，1947年，公营农场兴起的大幕拉开了。

这一年春天，中共中央东北局财经委员会召开会议，主持财经工作的陈云、李富春同志在分析时势后指出：东北行政委员会和各省都要“试办公营农场，进行机械化农业实验，以迎接解放后的农村建设”。

这一年夏天，在松江省政府的指导下，松江省省营第一农场（今宁安农场）创建。省政府主任秘书李在人为场长，他带领着一支18人的队伍，在今尚志市一面坡太平沟开犁生产，一身泥、一身汗地拉开了“北大荒第一犁”。

这一年冬天，原辽北军区司令部作训科科长周亚光带领人马，冒着严寒风雪，到通北县赵光区实地踏查，以日伪开拓团训练学校旧址为基础，建成了我国第一个公营机械化农场——通北机械农场。

之后，花园、永安、平阳等一批公营农场纷纷在战火的硝烟中诞生。与此同时，一部分身残志坚的荣誉军人和被解放的国民党军人，向东北荒原宣战，艰苦拓荒、艰辛创业，创建了一批荣军农场和解放团农场。

再将视线转向华北。这一时期，在河北省衡水湖的前身“千顷洼”所在地，华北人民政府农业部利用一批来自联合国善后救济总署的农业机械，建成了华北解放区第一个机械化公营农场——冀衡农场。

除了机械化农场，在那个主要靠人力耕种的年代，一些拖拉机站和机务人员培训班诞生在东北、华北大地上，推广农业机械化技术，成为新中国农机事业人才培养的“摇篮”。新中国的第一位女拖拉机手梁军正是优秀代表之一。

(二)

中华人民共和国成立后农垦事业步入了发展的“快车道”。

1949年10月1日，新中国成立了，百废待兴。新的历史阶段提出了新课题、新任务：恢复和发展生产，医治战争创伤，安置转业官兵，巩固国防，稳定新生的人民政权。

这没有硝烟的“新战场”，更需要垦荒生产的支持。

1949年12月5日，中央人民政府人民革命军事委员会发布《关于1950年军队参加生产建设工作的指示》，号召全军“除继续作战和服勤务者而外，应当负担一部分生产任务，使我人民解放军不仅是一支国防军，而且是一支生产军”。

1952年2月1日，毛泽东主席发布《人民革命军事委员会命令》：“你们现在可以把战斗的武器保存起来，拿起生产建设的武器。”批准中国人民解放军31个师转为建设师，其中有15个师参加农业生产建设。

垦荒战鼓已擂响，刚跨进和平年代的解放军官兵们，又背起行囊，扑向荒原，将“作战地图变成生产地图”，把“炮兵的瞄准仪变成建设者的水平仪”，让“战马变成耕马”，在戈壁荒漠、三江平原、南国边疆安营扎寨，攻坚克难，辛苦耕耘，创造了农垦事业的一个又一个奇迹。

1. 将戈壁荒漠变成绿洲

1950年1月，王震将军向驻疆部队发布开展大生产运动的命令，动员11万余名官兵就地屯垦，创建军垦农场。

垦荒之战有多难，这些有着南泥湾精神的农垦战士就有多拼。

没有房子住，就搭草棚子、住地窝子；粮食不够吃，就用盐水煮麦粒；没有拖拉机和畜力，就多人拉犁开荒种地……

然而，戈壁滩缺水，缺“农业的命根子”，这是痛中之痛！

没有水，战士们就自己修渠，自伐木料，自制筐担，自搓绳索，自开块石。修渠中涌现了很多动人故事，据原新疆兵团农二师师长王德昌回忆，1951 年冬天，一名来自湖南的女战士，面对磨断的绳子，情急之下，割下心爱的辫子，接上绳子背起了石头。

在战士们全力以赴的努力下，十八团渠、红星渠、和平渠、八一胜利渠等一条条大地的“新动脉”，奔涌在戈壁滩上。

1954 年 10 月，经中共中央批准，新疆生产建设兵团成立，陶峙岳被任命为司令员，新疆维吾尔自治区党委书记王恩茂兼任第一政委，张仲瀚任第二政委。努力开荒生产的驻疆屯垦官兵终于有了正式的新身份，工作中心由武装斗争转为经济建设，新疆地区的屯垦进入了新的阶段。

之后，新疆生产建设兵团重点开发了北疆的准噶尔盆地、南疆的塔里木河流域及伊犁、博乐、塔城等边远地区。战士们鼓足干劲，兴修水利、垦荒造田、种粮种棉、修路架桥，一座座城市拔地而起，荒漠变绿洲。

2. 将荒原沼泽变成粮仓

在新疆屯垦热火朝天之时，北大荒也进入了波澜壮阔的开发阶段，三江平原成为“主战场”。

1954 年 8 月，中共中央农村工作部同意并批转了农业部党组《关于开发东北荒地的农建二师移垦东北问题的报告》，同时上报中央军委批准。9 月，第一批集体转业的“移民大军”——农建二师由山东开赴北大荒。这支 8000 多人的齐鲁官兵队伍以荒原为家，创建了二九〇、二九一和十一农场。

同年，王震将军视察黑龙江汤原后，萌发了开发北大荒的设想。领命的是第五师副师长余友清，他打头阵，率一支先遣队到密山、虎林一带踏查荒原，于1955年元旦，在虎林县（今虎林市）西岗创建了铁道兵第一个农场，以部队番号命名为“八五〇部农场”。

1955年，经中共中央同意，铁道兵9个师近两万人挺进北大荒，在密山、虎林、饶河一带开荒建场，拉开了向三江平原发起总攻的序幕，在八五〇部农场周围建起了一批八字头的农场。

1958年1月，中央军委发出《关于动员十万干部转业复员参加生产建设的指示》，要求全军复员转业官兵去开发北大荒。命令一下，十万转业官兵及家属，浩浩荡荡进军三江平原，支边青年、知识青年也前赴后继地进攻这片古老的荒原。

垦荒大军不惧苦、不畏难，鏖战多年，荒原变良田。1964年盛夏，国家副主席董必武来到北大荒视察，面对麦香千里即兴赋诗：“斩棘披荆忆老兵，大荒已变大粮屯。”

3. 将荒郊野岭变成胶园

如果说农垦大军在戈壁滩、北大荒打赢了漂亮的要粮要棉战役，那么，在南国边疆，则打赢了一场在世界看来不可能胜利的翻身仗。

1950年，朝鲜战争爆发后，帝国主义对我国实行经济封锁，重要战略物资天然橡胶被禁运，我国国防和经济建设面临严重威胁。

当时世界公认天然橡胶的种植地域不能超过北纬17°，我国被国际上许多专家划为“植胶禁区”。

但命运应该掌握在自己手中，中共中央作出“一定要建立自己的橡胶基地”的战略决策。1951年8月，政务院通过《关于扩大培植橡胶树的决定》，由副总理兼财政经济委员会主任陈云亲自主持这项工作。同年11月，华南垦殖局成立，中共中央华南分局第一书记叶剑英兼任局长，开始探索橡胶种植。

1952年3月，两万名中国人民解放军临危受命，组建成林业工程第一师、第二师和一个独立团，开赴海南、湛江、合浦等地，住茅棚、战台风、斗猛兽，白手起家垦殖橡胶。

大规模垦殖橡胶，急需胶籽。“一粒胶籽，一两黄金”成为战斗口号，战士们不惜一切代价收集胶籽。有一位叫陈金照的小战士，运送胶籽时遇到山洪，被战友们找到时已没有了呼吸，而背上箩筐里的胶籽却一粒没丢……

正是有了千千万万个把橡胶看得重于生命的陈金照们，1957年春天，华南垦殖局种植的第一批橡胶树，流出了第一滴胶乳。

1960年以后，大批转业官兵加入海南岛植胶队伍，建成第一个橡胶生产基地，还大面积种植了剑麻、香茅、咖啡等多种热带作物。同时，又有数万名转业官兵和湖南移民汇聚云南边疆，用血汗浇灌出了我国第二个橡胶生产基地。

在新疆、东北和华南三大军垦战役打响之时，其他省份也开始试办农场。1952年，在政务院关于“各县在可能范围内尽量地办起和办好一两个国营农场”的要求下，全国各地农场如雨后春笋般发展起来。1956年，农垦部成立，王震将军被任命为部长，统一管理全国的军垦农场和地方农场。

随着农垦管理走向规范化，农垦事业也蓬勃发展起来。江西建成多个综合垦殖场，发展茶、果、桑、林等多种生产；北京市郊、天津市郊、上海崇明岛等地建起了主要为城市提供副食品的国营农场；陕西、安徽、河南、西藏等省区建立发展了农牧场群……

到1966年，全国建成国营农场1958个，拥有职工292.77万人，拥有耕地面积345457公顷，农垦成为我国农业战线一支引人瞩目的生力军。

(三)

前进的道路并不总是平坦的。“文化大革命”持续十年，使党、国家和各族人民遭到新中国成立以来时间最长、范围最广、损失最大的挫折，农垦系统也不能幸免。农场平均主义盛行，从1967年至1978年，农垦系统连续亏损12年。

“没有一个冬天不可逾越，没有一个春天不会来临。”1978年，党的十一届三中全会召开，如同一声春雷，唤醒了沉睡的中华大地。手握改革开放这一法宝，全党全社会朝着社会主义现代化建设方向大步前进。

在这种大形势下，农垦人深知，国营农场作为社会主义全民所有制企业，应当而且有条件走在农业现代化的前列，继续发挥带头和示范作用。

于是，农垦人自觉承担起推进实现农业现代化的重大使命，乘着改革开放的春风，开始进行一系列的上下求索。

1978年9月，国务院召开了人民公社、国营农场试办农工商联合企业座谈会，决定在我国试办农工商联合企业，农垦系统积极响应。作为现代化大农业的尝试，机械化水平较高且具有一定工商业经验的农垦企业，在农工商综合经营改革中如鱼得水，打破了单一种粮的局面，开启了农垦一二三产业全面发展的大门。

农工商综合经营只是农垦改革的一部分，农垦改革的关键在于打破平均主义，调动生产积极性。

为调动企业积极性，1979年2月，国务院批转了财政部、国家农垦总局《关于农垦企业实行财务包干的暂行规定》。自此，农垦开始实行财务大包干，突破了“千家花钱，一家（中央）平衡”的统收统支方式，解决了农垦企业吃国家“大锅饭”的问题。

为调动企业职工的积极性，从1979年根据财务包干的要求恢复“包、定、奖”生产责任制，到1980年后一些农场实行以“大包干”到户为主要形式的家庭联产承包责任制，再到1983年借鉴农村改革经验，全面兴办家庭农场，逐渐建立大农场套小农场的双层经营体制，形成“家家有场长，户户搞核算”的蓬勃发展气象。

为调动企业经营者的积极性，1984年下半年，农垦系统在全国选择100多个企业试点推行场（厂）长、经理负责制，1988年全国农垦有60%以上的企业实行了这项改革，继而又借鉴城市国有企业改革经验，全面推行多种形式承包经营责任制，进一步明确主管部门与企业的权责利关系。

以上这些改革主要是在企业层面，以单项改革为主，虽然触及了国家、企业和职工的最直接、最根本的利益关系，但还没有完全解决传统体制下影响农垦经济发展的深层次矛盾和困难。

“历史总是在不断解决问题中前进的。”1992年，继邓小平南方谈话之后，党的十四大明确提出，要建立社会主义市场经济体制。市场经济为农垦改革进一步指明了方向，但农垦如何改革才能步入这个轨道，真正成为现代化农业的引领者？

关于国营大中型企业如何走向市场，早在1991年9月中共中央就召开工作会议，强调要转换企业经营机制。1992年7月，国务院发布《全民所有制工业企业转换经营机制条例》，明确提出企业转换经营机制的目标是：“使企业适应市场的要求，成为依法自主经营、自负盈亏、自我发展、自我约束的商品生产和经营单位，成为独立享有民事权利和承担民事义务的企业法人。”

为转换农垦企业的经营机制，针对在干部制度上的“铁交椅”、用工制度上的“铁饭碗”和分配制度上的“大锅饭”问题，农垦实施了干部聘任制、全员劳动合同制以及劳动报酬与工效挂钩的三项制度改革，为农垦企业建立在用人、用工和收入分配上的竞争机制起到了重要促进作用。

1993年，十四届三中全会再次擂响战鼓，指出要进一步转换国有企业经营机制，建立适应市场经济要求，产权清晰、权责明确、政企分开、管理科学的现代企业制度。

农业部积极响应，1994年决定实施“三百工程”，即在全国农垦选择百家国有农场进行现代企业制度试点、组建发展百家企业集团、建设和做强百家良种企业，标志着农垦企业的改革开始深入到企业制度本身。

同年，针对有些农场仍为职工家庭农场，承包户垫付生产、生活费用这一问题，根据当年1月召开的全国农业工作会议要求，全国农垦系统开始实行“四到户”和“两自理”，即土地、核算、盈亏、风险到户，生产费、生活费由职工自理。这一举措彻底打破了“大锅饭”，开启了国有农场农业双层经营体制改革的新发展阶段。

然而，在推进市场经济进程中，以行政管理手段为主的垦区传统管理体制，逐渐成为束缚企业改革的桎梏。

垦区管理体制改革迫在眉睫。1995年，农业部在湖北省武汉市召开全国农垦经济体制改革工作会议，在总结各垦区实践的基础上，确立了农垦管理体制的改革思路：逐步弱化行政职能，加快实体化进程，积极向集团化、公司化过渡。以此会议为标志，垦区管理体制改革全面启动。北京、天津、黑龙江等17个垦区按照集团化方向推进。此时，出于实际需要，大部分垦区在推进集团化改革中仍保留了农垦管理部门牌子和部分行政管理职能。

“前途是光明的，道路是曲折的。”由于农垦自身存在的政企不分、产权不清、社会负担过重等深层次矛盾逐渐暴露，加之农产品价格低迷、激烈的市场竞争等外部因素叠加，从1997年开始，农垦企业开始步入长达5年的亏损徘徊期。

然而，农垦人不放弃、不妥协，终于在2002年“守得云开见月明”。这一年，中共十六大召开，农垦也在不断调整和改革中，告别“五连亏”，盈利13亿。

2002年后，集团化垦区按照“产业化、集团化、股份化”的要求，加快了对集团母公司、产业化专业公司的公司制改造和资源整合，逐步将国有优质资产集中到主导产业，进一步建立健全现代企业制度，形成了一批大公司、大集团，提升了农垦企业的核心竞争力。

与此同时，国有农场也在企业化、公司化改造方面进行了积极探索，综合考虑是否具备企业经营条件、能否剥离办社会职能等因素，因地制宜、分类指导。一是办社会职能可以移交的农场，按公司制等企业组织形式进行改革；办社会职能剥离需要过渡期的农场，逐步向公司制企业过渡。如广东、云南、上海、宁夏等集团化垦区，结合农场体制改革，打破传统农场界限，组建产业化专业公司，并以此为纽带，进一步将垦区内产业关联农场由子公司改为产业公司的生产基地（或基地分公司），建立了集团与加工企业、农场生产基地间新的运行体制。二是不具备企业经营条件的农场，改为乡、镇或行政区，向政权组织过渡。如2003年前后，一些垦区的部分农场连年严重亏损，有的甚至濒临破产。湖南、湖北、河北等垦区经省委、省政府批准，对农场管理体制进行革新，把农场管理权下放到市县，实行属地管理，一些农场建立农场管理区，赋予必要的政府职能，给予财税优惠政策。

这些改革离不开农垦职工的默默支持，农垦的改革也不会忽视职工的生活保障。1986年，根据《中共中央、国务院批转农牧渔业部〈关于农垦经济体制改革问题的报告〉的通知》要求，农垦系统突破职工住房由国家分配的制度，实行住房商品化，调动职工自己动手、改善住房的积极性。1992年，农垦系统根据国务院关于企业职工养老保险制度改革的精神，开始改变职工养老保险金由企业独自承担的局面，此后逐步建立并完善国家、企业、职工三方共同承担的社会保障制度，减轻农场养老负担的同时，也减少了农场职工的后顾之忧，保障了农场改革的顺利推进。

从1986年至十八大前夕，从努力打破传统高度集中封闭管理的计划经济体制，到坚定社会主义市场经济体制方向；从在企业层面改革，以单项改革和放权让利为主，到深入管理体制，以制度建设为核心、多项改革综合配套协调推进为主：农垦企业一步一个脚印，走上符合自身实际的改革道路，管理体制更加适应市场经济，企业经营机制更加灵活高效。

这一阶段，农垦系统一手抓改革，一手抓开放，积极跳出"封闭"死胡同，走向开放的康庄大道。从利用外资在经营等领域涉足并深入合作，大力发展"三资"企业和"三来一补"项目；到注重"引进来"，引进资金、技术设备和管理理念等；再到积极实施"走出去"战略，与中东、东盟、日本等地区和国家进行经贸合作出口商品，甚至扎根境外建基地、办企业、搞加工、拓市场：农垦改革开放风生水起逐浪高，逐步形成"两个市场、两种资源"的对外开放格局。

（四）

党的十八大以来，以习近平同志为核心的党中央迎难而上，作出全面深化改革的决定，农垦改革也进入全面深化和进一步完善阶段。

2015年11月，中共中央、国务院印发《关于进一步推进农垦改革发展的意见》（简称《意见》），吹响了新一轮农垦改革发展的号角。《意见》明确要求，新时期农垦改革发展要以推进垦区集团化、农场企业化改革为主线，努力把农垦建设成为保障国家粮食安全和重要农产品有效供给的国家队、中国特色新型农业现代化的示范区、农业对外合作的排头兵、安边固疆的稳定器。

2016年5月25日，习近平总书记在黑龙江省考察时指出，要深化国有农垦体制改革，以垦区集团化、农场企业化为主线，推动资源资产整合、产业优化升级，建设现代农业大基地、大企业、大产业，努力形成农业领域的航母。

2018年9月25日，习近平总书记再次来到黑龙江省进行考察，他强调，要深化农垦体制改革，全面增强农垦内生动力、发展活力、整体实力，更好发挥农垦在现代农业建设中的骨干作用。

农垦从来没有像今天这样更接近中华民族伟大复兴的梦想！农垦人更加振奋了，以壮士断腕的勇气、背水一战的决心继续农垦改革发展攻坚战。

1. 取得了累累硕果

——坚持集团化改革主导方向，形成和壮大了一批具有较强竞争力的现代农业企业集团。黑龙江北大荒去行政化改革、江苏农垦农业板块上市、北京首农食品资源整合……农垦深化体制机制改革多点开花、逐步深入。以资本为纽带的母子公司管理体制不断完善，现代公司治理体系进一步健全。市县管理农场的省份区域集团化改革稳步推进，已组建区域集团和产业公司超过300家，一大批农场注册成为公司制企业，成为真正的市场主体。

——创新和完善农垦农业双层经营体制，强化大农场的统一经营服务能力，提高适度规模经营水平。截至2020年，据不完全统计，全国农垦规模化经营土地面积5500多万亩，约占农垦耕地面积的70.5%，现代农业之路越走越宽。

——改革国有农场办社会职能，让农垦企业政企分开、社企分开，彻底甩掉历史包袱。截至2020年，全国农垦有改革任务的1500多个农场完成办社会职能改革，松绑后的步伐更加矫健有力。

——推动农垦国有土地使用权确权登记发证，唤醒沉睡已久的农垦土地资源。截至2020年，土地确权登记发证率达到96.3%，使土地也能变成金子注入农垦企业，为推进农垦土地资源资产化、资本化打下坚实基础。

——积极推进对外开放，农垦农业对外合作先行者和排头兵的地位更加突出。合作领域从粮食、天然橡胶行业扩展到油料、糖业、果菜等多种产业，从单个环节向全产业链延伸，对外合作范围不断拓展。截至2020年，全国共有15个垦区在45个国家和地区投资设立了84家农业企业，累计投资超过370亿元。

2. 在发展中改革，在改革中发展

农垦企业不仅有改革的硕果，更以改革创新为动力，在扶贫开发、产业发展、打造农业领域航母方面交出了漂亮的成绩单。

——聚力农垦扶贫开发，打赢农垦脱贫攻坚战。从20世纪90年代起，农垦系统开始扶贫开发。“十三五”时期，农垦系统针对304个重点贫困农场，绘制扶贫作战图，逐个建立扶贫档案，坚持“一场一卡一评价”。坚持产业扶贫，组织开展技术培训、现场观摩、产销对接，增强贫困农场自我“造血”能力。甘肃农垦永昌农场建成高原夏菜示范园区，江西宜丰黄冈山垦殖场大力发展旅游产业，广东农垦新华农场打造绿色生态茶园……贫困农场产业发展蒸蒸日上，全部如期脱贫摘帽，相对落后农场、边境农场和生态脆弱区农场等农垦“三场”踏上全面振兴之路。

——推动产业高质量发展，现代农业产业体系、生产体系、经营体系不断完善。初步建成一批稳定可靠的大型生产基地，保障粮食、天然橡胶、牛奶、肉类等重要农产品的供给；推广一批环境友好型种养新技术、种养循环新模式，提升产品质量的同时促进节本增效；制定发布一系列生鲜乳、稻米等农产品的团体标准，守护“舌尖上的安全”；相继成立种业、乳业、节水农业等产业技术联盟，形成共商共建共享的合力；逐渐形成“以中国农垦公共品牌为核心、农垦系统品牌联合舰队为依托”的品牌矩阵，品牌美誉度、影响力进一步扩大。

——打造形成农业领域航母，向培育具有国际竞争力的现代农业企业集团迈出坚实步伐。黑龙江北大荒、北京首农、上海光明三个集团资产和营收双超千亿元，在发展中乘风破浪：黑龙江北大荒农垦集团实现机械化全覆盖，连续多年粮食产量稳定在400亿斤以上，推动产业高端化、智能化、绿色化，全力打造“北大荒绿色智慧厨房”；北京首农集团坚持科技和品牌双轮驱动，不断提升完善“从田间到餐桌”的全产业链条；上海光明食品集团坚持品牌化经营、国际化发展道路，加快农业

“走出去”步伐，进行国际化供应链、产业链建设，海外营收占集团总营收20%左右，极大地增强了对全世界优质资源的获取能力和配置能力。

千淘万漉虽辛苦，吹尽狂沙始到金。迈入“十四五”，农垦改革目标基本完成，正式开启了高质量发展的新篇章，正在加快建设现代农业的大基地、大企业、大产业，全力打造农业领域航母。

（五）

八十多年来，从人畜拉犁到无人机械作业，从一产独大到三产融合，从单项经营到全产业链，从垦区“小社会”到农业“集团军”，农垦发生了翻天覆地的变化。然而，无论农垦怎样变，变中都有不变。

——不变的是一路始终听党话、跟党走的绝对忠诚。从抗战和解放战争时期垦荒供应军粮，到新中国成立初期发展生产、巩固国防，再到改革开放后逐步成为现代农业建设的“排头兵”，农垦始终坚持全面贯彻党的领导。而农垦从孕育诞生到发展壮大，更离不开党的坚强领导。毫不动摇地坚持贯彻党对农垦的领导，是农垦人奋力前行的坚强保障。

——不变的是服务国家核心利益的初心和使命。肩负历史赋予的保障供给、屯垦戍边、示范引领的使命，农垦系统始终站在讲政治的高度，把完成国家战略任务放在首位。在三年困难时期、“非典”肆虐、汶川大地震、新冠肺炎疫情突发等关键时刻，农垦系统都能“调得动、顶得上、应得急”，为国家大局稳定作出突出贡献。

——不变的是“艰苦奋斗、勇于开拓”的农垦精神。从抗日战争时一手拿枪、一手拿镐的南泥湾大生产，到新中国成立后新疆、东北和华南的三大军垦战役，再到改革开放后艰难但从未退缩的改革创新、坚定且铿锵有力的发展步伐，“艰苦奋斗、勇于开拓”始终是农垦人不变的本色，始终是农垦人攻坚克难的“传家宝”。

农垦精神和文化生于农垦沃土，在红色文化、军旅文化、知青文化等文化中孕育，也在一代代人的传承下，不断被注入新的时代内涵，成为农垦事业发展的不竭动力。

"大力弘扬'艰苦奋斗、勇于开拓'的农垦精神，推进农垦文化建设，汇聚起推动农垦改革发展的强大精神力量。"中央农垦改革发展文件这样要求。在新时代、新征程中，记录、传承农垦精神，弘扬农垦文化是农垦人的职责所在。

（六）

随着垦区集团化、农场企业化改革的深入，农垦的企业属性越来越突出，加之有些农场的历史资料、文献文物不同程度遗失和损坏，不少老一辈农垦人也已年至期颐，农垦历史、人文、社会、文化等方面的保护传承需求也越来越迫切。

传承农垦历史文化，志书是十分重要的载体。然而，目前只有少数农场编写出版过农场史志类书籍。因此，为弘扬农垦精神和文化，完整记录展示农场发展改革历程，保存农垦系统重要历史资料，在农业农村部党组的坚强领导下，农垦局主动作为，牵头组织开展中国农垦农场志丛编纂工作。

工欲善其事，必先利其器。2019年，借全国第二轮修志工作结束、第三轮修志工作启动的契机，农业农村部启动中国农垦农场志丛编纂工作，广泛收集地方志相关文献资料，实地走访调研、拜访专家、咨询座谈、征求意见等。在充足的前期准备工作基础上，制定了中国农垦农场志丛编纂工作方案，拟按照前期探索、总结经验、逐步推进的整体安排，统筹推进中国农垦农场志丛编纂工作，这一方案得到了农业农村部领导的高度认可和充分肯定。

编纂工作启动后，层层落实责任。农业农村部专门成立了中国农垦农场志丛编纂委员会，研究解决农场志编纂、出版工作中的重大事项；编纂委员会下设办公室，负责志书编纂的具体组织协调工作；各省级农垦管理部门成立农场志编纂工作机构，负责协调本区域农场志的组织编纂、质量审查等工作；参与编纂的农场成立了农场志编纂工作小组，明确专职人员，落实工作经费，建立配套机制，保证了编纂工作的顺利进行。

质量是志书的生命和价值所在。为保证志书质量，我们组织专家编写了《农场志编纂技术手册》，举办农场志编纂工作培训班，召开农场志编纂工作推进会和研讨会，到农场实地调研督导，尽全力把好志书编纂的史实关、政治关、体例关、文字关和出版关。我们本着“时间服从质量”的原则，将精品意识贯穿编纂工作始终。坚持分步实施、稳步推进，成熟一本出版一本，成熟一批出版一批。

中国农垦农场志丛是我国第一次较为系统地记录展示农场形成发展脉络、改革发展历程的志书。它是一扇窗口，让读者了解农场，理解农垦；它是一条纽带，让农垦人牢记历史，让农垦精神代代传承；它是一本教科书，为今后农垦继续深化改革开放、引领现代农业建设、服务乡村振兴战略指引道路。

修志为用。希望此志能够“尽其用”，对读者有所裨益。希望广大农垦人能够从此志汲取营养，不忘初心、牢记使命，一茬接着一茬干、一棒接着一棒跑，在新时代继续发挥农垦精神，续写农垦改革发展新辉煌，为实现中华民族伟大复兴的中国梦不懈努力！

中国农垦农场志丛编纂委员会

2021年7月

北京东风农场志

BEIJING DONGFENG NONGCHANGZHI

序言

东风浩荡，红旗飞扬。在社会主义建设的阳关大道上，东风农场已经阔步走过了六十年。

六十年一个甲子。回望六十年的漫漫长路，几代勤恳果敢、坚毅智慧的东风人，披肝沥胆，垦大田、建温室、种果树、畜牛马，奋力打造京郊最优质的农副产品生产基地；风雨兼程，建工业、扶乡社、引外资、兴地产，勇做改革开放的排头兵。看东风大地，农耕伟业已变为城邑繁华；听东风荡漾，田园牧歌已化为都市喧嚣。在中国共产党的坚强领导下，东风人紧扣时代的脉搏，植根于东风这方热土，从白手起家的农牧创业到硕果累累的地产开发，须臾间已然跨越了万水千山！

六十年一场轮回。岁月峥嵘，仿佛回到了高歌猛进的1958年，陈锦余、蔡鹏、刘宝金、袁世臣、张守仁等创业者们昂首走来了。他们披着会战的征尘，洒一路辛劳的汗水，脸上挂着胜利的微笑。时光荏苒，仿佛回到了抗洪抢险的1963年，王宗绪书记和张士达场长带领着在一分场力战洪灾的英雄群体大步走来了，身着被洪水浸透的行装，头顶雨后的彩虹，浑身散发出昂扬的豪情。时节如流，仿佛回到了改革开放的1985年，李凌新书记和惠万林场长健步走来了，手握振兴东风的蓝图，怀揣引进外资的规划，眉宇间尽是运筹帷幄的思考。

六十年来家与国，九百万里山与河。积跬步以至千里，积小流以成江海。从全国农业展览馆农场，中德友好人民公社酒仙桥大队二站，国营北京市种畜场，国营北京市东坝农场，国营北京市东风农场，北京三元置业有限公司，北京市东风农工商公司再到北京市东风农场有限公司，东风农场历经六十年的历史变革、机构重组、产业调整和跨越发展，其功能从向全国农业系统展示先进的农牧业种植养殖技术、优良作物品种种畜和农业机械到作为首都郊区的农副产品生产基地再到成为专业性房地产开发建设集团，完成了国营农场的华丽转身，实现了沧海桑田式的巨变。

六十年风雨如磐。东风农场云卷云舒，东风人顶天立地！本志将尽全力采集、归纳、总结、记述好东风农场在这六十年间的创业、建设、发展、转型的历史进程和几代东风人艰苦奋斗、殚精竭虑、可歌可泣的英雄业绩，让东风农场的编年史与时光同在，让几代东风人创业敬业勤业乐业的东风精神永世长存！

作为北京市东风农场有限公司党委副书记、执行董事、总经理，我有幸参与了《北京东风农场志》的编纂，并在编纂过程中重温了东风老前辈们筚路蓝缕的创业历程，感受到了农场老领导们砥砺奋进的革命豪情，使我们接受了一次生动的传统教育。在本志书的编纂过程中汲取了《国营北京市东风农场史（40周年）》中的大量素材；得到了北京首农食品集团档案室、北京市朝阳区东风乡档案室的史料补充；公司办公室、党委工作部、档案室、人力资源部都积极参与其中；还收到了东风乡原乡长胡玉让、北京三元种业有限公司原党委书记马战友、北京东苑公寓原副总经理王利等老领导老同志的回忆文章。在此一并表示诚挚的感谢！

文章撰后，搁笔之前，谨以中华先贤、宋代著名词人辛弃疾的名篇为本序结尾：

东风夜放花千树，更吹落、星如雨。

宝马雕车香满路。

凤箫声动，玉壶光转，一夜鱼龙舞。

蛾儿雪柳黄金缕，笑语盈盈暗香去。

众里寻他千百度，蓦然回首，那人却在，灯火阑珊处。

北京市东风农场党委书记、执行董事、总经理

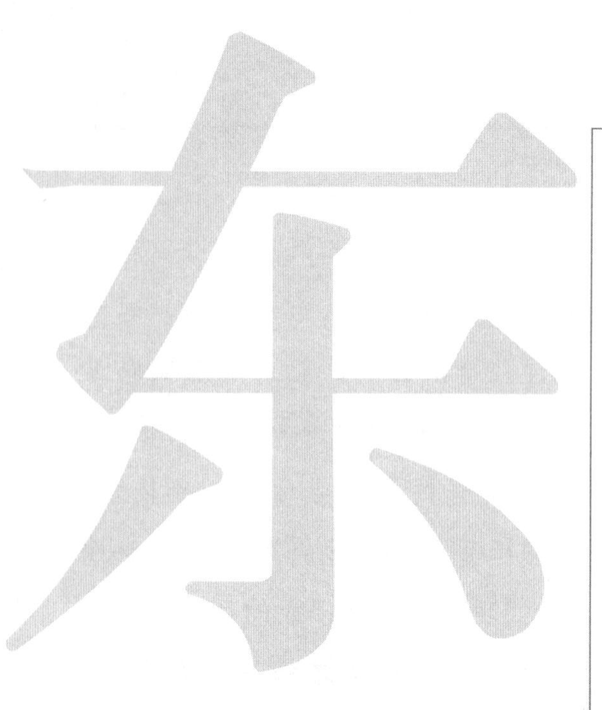

北京东风农场志

BEIJING DONGFENG NONGCHANGZHI

凡例

一、宗旨

本志以习近平新时代中国特色社会主义思想为指导，以实事求是为原则，以客观实际为准绳，力求全面准确地记述东风农场从开创到发展的六十年历史变迁。

二、断限

本志上限自1958年初创建全国农业展览馆农场始，下限至2018年12月31日。

三、体裁

全志采用记、述、图、表、录等体裁。附录置于志尾。正文共分为八篇，篇下设章，章下设节。横排门类，纵写史实；以时为经，以事为纬；横不缺项，纵不断线。

四、名称

鉴于东风农场的名称曾经在历史沿革中多次变更，为了便于叙述，在本志中主要称为“东风农场”。

五、资料

本志所用资料来源于东风农场档案室和上级北京首农食品集团有限公司档案室，引用资料不再注明出处。

六、数据

统计数据一般以东风农场统计部门公布的数字为准，统计部门没有的数据则采用各有关单位调查核实的材料。

七、计量

计量单位统一使用法定计量单位，以汉字表达，个别单位因行业习惯或引用历史档案而使用市制单位，如“亩”“斤”等，均于第一次出现处加标注。

八、产值

本志中相关年度经济产值数额，除特别注明外，均为当年数据。

中国农垦农场志丛

目录

第三篇 经营管理篇

第四篇 职 工 篇

第五篇 党建工作篇

第六篇　社会历史篇

第七篇　人　物　篇

概　述

东风农场中的“东风”一词，源自《三国演义》。从当年诸葛孔明挥动羽扇“借”来东风火烧连营大破曹军之后，当代赋予“东风”这个正能量的含义。东风还代表着春风，正如诗人钱起在《春郊》中写道：“东风好作阳和使，逢草逢花报发生。”20 世纪 60 年代，东风又代表着社会主义中国和社会主义大潮。正是在社会主义大潮奔涌的 1966 年，东风农场正式启用“国营北京市东风农场”这个名称。我们都能理解当年农场决策者们的时代感和使命感，我们也能感受到农场领导层在决定更名时的激情澎湃！在当年北京市农垦系统的 16 个国营农场中，东风农场是唯一一个没有使用地域地名命名的农场。

东风农场，占地面积 114 万平方米，处于北京市朝阳区的中心位置，北京东四环路穿越了东风农场的西部，京城电子工业重镇酒仙桥接邻东风农场的北部，西距东直门 3 千米、距天安门 7 千米。农场场部的具体方位为东经 116°、北纬 39°，是北京市乃至全中国大都市农垦系统中距离城市中心区最近的国营农场。

东风农场建场六十多年以来，场域环境发生了巨变。从农垦创业，打造首都重要农副食品生产基地到改革开放，为突飞猛进的北京城市化建设添砖加瓦，东风人见证和经历了东风大地从京畿荒郊到稻蔬良田，到产业兴旺，再到繁华都市的历史演变全程。昔日规模化的国营农场已经完全转型为城市商业民居服务区，曾经在全国领先的种植养殖农牧产业和蓬勃发展的工业制造业已逐步退出并让位于商业地产开发和社会服务业。

东风农场所处地区历史悠久。隋唐时期属幽州蓟县；明朝时期属北平府大兴县；清朝时期属顺天府大兴县；民国时期属北平市东郊区。中华人民共和国成立后曾先后隶属于北京市第十三区、东郊区和朝阳区。

东风农场位于北京小平原上，属于朝阳区的三大洼兜之一，土质肥沃，一览无余。农田、窑厂、林地、水泊等构成了多样性地貌，平均海拔为 35 米，自然资源丰富，生态良好。东风农场区域内的土壤为潮褐土（又称黄土和灰黄土）和潮土（又称黑土、黑黏土和礓石黑土），土质肥沃，适合种植小麦、玉米、水稻和蔬菜。明清两代，这里曾经有很多窑厂，为营建都市挖土烧砖烧盆，逐渐形成水洼沟渠，地势高低不平，坟茔遍布，地貌复杂。1958年建场伊始，东风的创业者们用坚强的意志和勤劳的双手将当时坑洼不平、杂乱无章的荒地垦殖建设成为万亩良田，并将无序的窑洼改造成为渔场，将废弃的砖窑改建成为猪场。这片古老的土地在社会主义建设的大潮中焕发了青春。

东风农场地处暖温带地区，属大陆性季风气候，四季分明，春秋季短、冬夏季长。全年温差较大，年平均气温为11.6℃。夏季的极端温度出现于1961年夏，达到41.6℃；冬季的极端温度出现于1966年冬，达到-21.2℃。日照充分，年平均日照2547个小时。春季干旱少雨、夏季炎热多雨、秋季风和日丽、冬季多风少雪。年均降水量在1970年之前为700毫米，1970—2000年下降为580毫米，2000年之后更下降为400毫米，降水量逐年递减。全年无霜期从4月初至10月中下旬，为180～200天。

1958年年初，在浩荡的社会主义建设的东风中，农场顺势而生。当时，中国的社会主义建设正如火如荼。中国农业的社会主义改造正在全面展开。中央政府计划在首都东郊建设一个国家级的农业展览馆，以向全国展示最先进的农牧业种植和养殖的技术、种子、种畜、机械、管理和国营农场的农业生产组织模式。在此之前，国家已经在国内各省、市、自治区组建了许多大规模的国营农场，以期将这种国营农场的模式向中国广大农村和农业区域推广并逐步取代中国已经延续了几千年的小生产自耕农模式，实现全国农村和农业的全面社会主义改造。新建的全国农业展览馆需要有一个与之配套的附属国营农场，以生产用于展示的先进农作物品种和畜牧业良种，同时也要展示先进的农业机械耕耘模式和国营农业的管理模式。由此，全国农业展览馆农场就应运而生了，这就是东风农场前身。

建场伊始，以陈锦余场长为首的创业者们激情满怀、披荆斩棘，在北京东郊的3000多亩*参差不平、杂乱无章的土地上耙耧耕耘、用心垦殖，打造出一方丰产的良田；修渠铺路、筑房立舍，兴建了生产生活设施和畜禽养殖场。创业者们意气风发，大干快上，很快就建起了一个规模化的国营农场。全国农业展览馆农场按照既定方略引进了当时最优良的农作物品种和畜禽品种，并将最先进的农业机械应用于农田的作业，充分起到了展示的作用。

而后，随着国家相关政策的调整和轰轰烈烈的人民公社化运动，全国农业展览馆农场在管理体制上经历了数年的激烈动荡：1958年11月，下放至北京市农林水利局；1959年1月被并入朝阳人民公社；1959年4月被并入星火人民公社；1959年10月又被并入中德友好人民公社。1961年4月，全国农业展览馆农场恢复了原国营农场的身份。1961年6

* 亩为非法定计量单位，1亩≈667平方米。——编者注

月，农场更名为国营北京市种畜场。1964 年 8 月，农场更名为国营北京市东坝农场。1966 年 8 月，农场更名为国营北京市东风农场。从 1958 年 11 月到 1966 年 8 月，农场的上级领导机构始终处于调整变动之中：从北京市农林水利局变为朝阳人民公社，继而又变为星火人民公社和中德友好人民公社，然后是北京市朝阳区政府，之后是北京市朝阳区政府与北京市农林局共管，再后直属于北京市国营农场管理局。1968 年 11 月，北京市国营农场管理局撤销，东风农场又再次划归北京市朝阳区政府领导。

尽管在管理体制上发生了许多变化，但是东风农场的广大干部职工始终在农场党委的领导下，辛勤劳作、全心全意地做好本职工作。农场的事业不断发展，经营门类不断增加，经济效益不断提高，社会效益不断凸显。建场 10 年之后，东风农场已经成为首都北京重要的农副产品生产基地。东风农业队种植的小麦和水稻每年都被国家种子库全部收购作为优质的种子。东风奶牛场的管理和牛奶的品质始终在全国农垦系统处于领先地位。东风果园的苹果、东风养鸡场的鸡蛋和肉鸡、东风渔场的鲤鱼和鲫鱼、东风豆制品厂的豆腐及豆制品等都是首都市场上不可或缺的优质食品。

除了在农牧产业上大有作为之外，勤劳智慧的东风人还勇于突破当时国营农场经营模式的禁区，积极尝试利用农场的资源兴办第二产业。东风人从农牧业初级产品的深加工入手，将东风牛场对牛奶的深加工和东风鹿场对鹿茸的深加工进行延伸，兴建了东风制药厂，后来该药厂成为全国的药业名企，东风牌的人参蜂王浆曾经是国人保健养生的首选。东风人将原有的汽车农机修理厂改造升级成为东风机械厂，其制造的电动软轴雕刻机和汽车发动机水泵总成曾经是行销全国的拳头产品。东风人还相继组建了酿酒厂、饮料厂、磷肥厂、扒鸡厂、服装厂、针织厂、水泥构件厂、远红外器材厂等多种门类的生产型企业，产生了很好的经济效益和社会效益。东风农场工业制造业的年产值曾经在全场占据了半壁江山。东风农场的工业产品在全国农垦系统中出类拔萃。

1978 年，按照北京市政府的部署，东风农场与邻近的朝阳区星火人民公社合并，挂北京市东风农场和北京市朝阳区东风人民公社（1983 年 12 月变更为东风乡）两块牌子，国有企业和公社并存，行政合署办公，党委统一领导。国营农场带农村集体是一个极具中国社会主义特色的农业运营模式，全中国农垦系统的大多数国营农场都实行了这种组织形式。国营农场拥有政策、资金、技术、管理等资源，而农村公社乡镇则拥有政府职能、土地、劳动力、战略纵深等资源，二者优势互补，双赢尽在把握之中。自场社合并以后，在东风农场（东风人民公社）党委的统一领导下，由农场出资金和技术扶持农村集体经济的发展，陆续打造出了东风地区的万亩蔬菜基地、饲养屠宰加工全产业链的养猪产业、规模化养鸡产业等，还成功兴建了一批村办的服装加工、印染纺织、食品加工、仓储运输等集体企业。东风地区的农村经济走上了发展的快车道，成为京郊农业经济中的亮点。农场农业科、畜牧科、科技站的技术人员常年深入村社提供技术服务，成为村民们的贴心人。同时，农场利用村社的人力资源将社员变身为场员，为国营企业输送了大量的成熟劳动力。还利用村社丰富的土地资源与外商合作，组建了北京朝阳高尔夫俱乐部、北京朝阳公寓、北京东苑公寓、北京三全公寓等一批优质的中外合资合作企业。1978—1998 年，东风人将场乡合一、优势互补的中国特色农业运营模式发扬光大，真正实现了国营和集体的合作双赢。1998 年 9—12 月，在北京市政府的统一部署下，与北京市农垦系统的所有国营农场一样，东风农场进行了一场内容深刻的场乡体制改革。场乡体制改革之后，东风农场与东风乡的乡镇政府职能及集体经济完全剥离，东风农场就此还原成为一个纯国有企业。一个场乡合一、齐头并进、优势互补、合作双赢的时代结束了。

东风农场是北京市农垦系统乃至全国大城市农垦系统中距城市中心区域位置最近的国营农场。场乡一体时期的东风农场，其地域范围横跨北京的东三环至东五环，占有天然优势的地理位置。自 1980 年以来，随着首都城市建设的快速发展和城市规划调整的日新月异，东风农场有越来越多的土地由农田、果园、奶牛场、工厂变为住宅社区、公园、绿地、公路、商业区。经历了土地征用、产业退出、村庄建制撤销、农民转成非农户口、劳作于一产的农民变身为从事三产的居民后，时代变迁，斗转星移。东风人也在不断调整自己的产业经济和经营坐标。1995 年 4 月，东风农场国有的种植业和养殖业正式终结和退出。这是一个划时代的事件！东风农场正式成为中国农垦系统第一家农业完全退出的国有农场。

2001 年 7 月，北京市农工商联合总公司决定北京市东风农场与北京市通达房地产开发建设总公司合并组成北京三元置业有限公司，东风的经营主业变更为商业地产开发和社会服务业。2005 年，东风的工业制造业即第二产业正式终结和退出，由此进入了第三产业经营的时代。实际上，东风农场很早就开始了第三产业的尝试。1981 年初，东风人开办了第一个三产项目——东风商亭，销售油盐酱醋烟酒糖茶。而后东风农场又陆续组建了包括出租车公司、加油站、东风商业街、东风粮油批发交易市场、东风花卉交易市场、东风马术俱乐部、三元宾馆、东风垂钓中心、酒仙饭店等多种三产服务业项目。东风农场乘改革开放的东风成功组建了中日合作北京朝阳高尔夫俱乐部、中日合作北京朝阳公寓、中日合资北京东苑公寓和中外合作北京三全公寓等一批外资服务业企业，其中朝阳公寓和朝阳高尔夫俱乐部都是中国改革开放引进外资历史上的先驱型和教科书型的外资企业。在三元置业公司时期，东风人相继开发建设了东润枫景、东山墅、回龙观和谐家园等住宅社区和南十里居写字楼等商务楼宇，取得了良好的经济效益和社会效益。

2010 年 10 月，东风农场启用了北京市东风农工商公司的名称。东风人继续在商业地产开发和社会服务业上创造新的佳绩。东风人于 2011 年 10 月参与北京市顺义区南法信镇宗地的挂牌交易，竞拍成功并兴建了东港鑫座写字楼。项目于 2013 年 3 月破土，2014 年 11 月竣工。这是东风人第一次走出东风利用域外的土地资源进行商业地产开发，意义非凡！东风人于 2018 年 12 月建成了东枫德必 WE 人工智能创新基地，该基地由 11 座独栋写字楼组成，总建筑面积 5.8 万平方米。东风人紧扣时代脉搏，着力将东枫德必打造成为北京市人工智能创新发展的重要科研基地。

六十年时光飞逝如白驹过隙，六十年峥嵘岁月当载入史册。任沧海桑田巨变，唯东风浩荡依然！在东风这片热土之上，几代东风人执着坚守，传承农垦艰苦创业的本色，发扬农场奋发有为的精神，在新时代的大潮之中乘风破浪，永立潮头！

大 事 记

1958 年 3 月 18 日　全国农业展览馆筹备处在中央农垦部部长王震、生产局长张省三的支持和领导下，向北京市城市规划管理局提出划拨土地、建立全国农业展览馆农场的申请。

同日　北京市城市规划管理局召集东郊区长马海水和有关乡政府的乡长等参加协调会，协调解决筹建“全国农业展览馆农场”土地划拨一事。会议决定：东郊区将农展馆附近的五一社的 93.2 公顷（折合 1398 亩）、三八社的 63.47 公顷（折合 952 亩）、星火社的 63.47 公顷（折合 952 亩），总共 220 公顷（折合 3300 亩）土地划拨给全国农业展览馆农场。

同日　技术员蔡鹏、会计员刘宝金第一批人报到，开始筹建全国农业展览馆农场的工作。第一任农场场长由副馆长陈锦余担任。农场的办公地点借用酒仙桥供销社的仓库。

3 月底　农垦部决定在北京建立一所中等农垦技术学校，培养一批青年农业技术干部。学校于 3 月底开始筹备招生，校址设在全国农业展览馆内，校长由农垦部生产局局长张省三担任，副校长由陈锦余场长担任。

3 月底　国家拨给全国农业展览馆农场基本建设资金 100 万元，事业费资金 50 万元。

3 月底　在北京市政府、东郊区委和有关乡政府的支持和援助下，仅不到半个月的时间就完成了全国农业展览馆农场的土地征购任务。

4 月底　农垦部下放到全国农业展览馆农场的干部共计 45 名。

4 月底　中等农垦技术学校开学典礼。农垦部从农垦干校抽调了 4 名专职教师任教。

同年　国家拨给拖拉机 18 台，有斯大林 100 号等。

同年　农垦部为农场调拨的牲畜有种奶牛 40 头、种马 49 匹、种猪 80

头、茸鹿10头、种鸡鸭1500只。农场组织四批技术人员到全国各地接送种畜。

12月底　农垦部决定将全国农业展览馆农场随同其他中央企业下放，划归北京市农垦局领导，属于独立的企业单位性质。

1959年　1月　全国农业展览馆农场并入朝阳人民公社。

1月底　中等农垦技术学校奉农垦部命令迁往南郊。

4月　全国农业展览馆农场随朝阳人民公社并入星火人民公社。

10月　全国农业展览馆农场随星火人民公社并入中德友好人民公社。

1960年　年初　全国农业展览馆农场更名为“中德友好人民公社酒仙桥大队二站”。

1961年　4月　朝阳区委决定将3个大人民公社划分为21个人民公社和农场，即：大屯、洼里、太阳宫、中阿、来广营、星火、平房、将台、中德、金盏、楼梓庄、高碑店、南磨房、王四营、双桥、小红门、十八里店、老君堂、农展馆农场、天竺、后沙峪。农场随之改回原名：全国农业展览馆农场。

4月　经朝阳区委批准，将将台洼大队划归农展馆农场。

6月　经朝阳区委决定，将区属朝阳农场并入农展馆农场。

6月　经朝阳区委批准，全国农业展览馆农场更名为“国营北京市种畜场”。全场总面积为10899亩。其中耕地面积7636亩，职工人数共661人。

10月　市委从市农业技校调来褚俊华担任农场团委书记。建场以来首次组建专职团委。

1962年　年初　农场党委首先集训了队长以上干部，在全场职工中进行整风整社教育。

6月5日　农场召开首届职工代表大会，出席代表54人，历时两天，大会审查批准了王云华场长的工作报告，通过了职代会规定。

本年　种畜场为一分场调进第一批奶牛，建起了奶牛场。引进新疆细毛羊进行放养，建立了羊场和猪场，改变了一分场过去单一经营农作物的局面。

1963年　4月　制定农场建场以来第一部1963—1969年七年发展规划（草案）。

10月　市委组织工作队到农场开展第一批社会主义教育运动。

12月　农场党委决定，多年亏损的鸡鸭队停产，全部生产用房改建为职工宿舍。

1964 年 春季　农场新开稻田 20 公顷（折合 300 亩）。

8 月　国营北京市种畜场更名为“国营北京市东坝农场”。其经营方针是以畜牧为主，农牧结合。

11 月 5 日　朝阳区委批复：“中共北京市东坝农场委员会由王宗绪、张士达、刘成宗、惠万林、崔德兴、李维崇、苗洪儒 7 人组成。”

本年　一分场建起了三个水站，基本上解决了三个农业队几千亩土地的灌溉问题。

本年　由于一分场大面积平整土地，使牧场面积减少，养羊告一段落。

1965 年 12 月 16—18 日　农场党委组织干部、职工参观农业学大寨展览。

本年　场长张士达带领总场干部与职工盖起了职工宿舍、食堂和礼堂，铺设了楼梓庄到一分场的 500 米石子路，还在一分场建起了苗圃，在农场周围种植了各种树木。

1966 年 8 月　国营北京市东坝农场更名为“国营北京市东风农场”。其经营方针：以粮为纲，农牧并重、多种经营、全面发展。

9 月 1 日　农场党委颁布了关于改革几项制度的试行草案。

12 月 14 日　农场成立“文化大革命”领导班子。

1967 年 4 月 2 日　农场成立三结合领导生产指挥部。

5 月 27 日　农场生产指挥部与 901 部队签署了《关于东风农场 72.27 公顷（折合 1084 亩）土地长期由部队耕种的协议书》。

1968 年 2 月 24 日　农场革命委员会成立。

3 月 7 日　农场成立中共东风农场革命委员会核心小组。

12 月 31 日　经朝阳区革命委员会批复，撤销农场一、三分场建制，原一分场改为朝阳区一零四干校，为区级机关干部下放劳动的场所，划归朝阳区委直接领导，与农场正式脱离关系。原三分场改为农场直属队。

1969 年 8 月 4 日　召开干部会议，布置整党、建党工作安排。

9 月　农场革命委员会制定 1971—1975 年五年规划草案。

12 月　农场向朝阳区委请示建立新党委。

1970 年 1 月 20—21 日　农场召开党员代表大会，选举产生新的党委会，王化麟当选为党委书记，宋贵仓、莫全当选为党委副书记。

7 月　农场绒毛膜促性腺激素试制成功，填补了北京地区该产品的空白，对解决鱼的人工孵化、家畜不孕症有疗效。

1971 年 4 月　共青团东风农场第三届代表大会召开，建立了新团委。

10 月 14 日　召开第一届妇女代表大会，出席正式代表 57 人，列席代表 8 人，建立第一届妇代会。

12 月　从兽用绒毛膜促性腺激素中提纯人用绒毛膜促性腺激素成功，可用于治疗子宫出血急救、妊娠鉴定、早期胎儿性别鉴定等。

1972 年 2 月 28 至 3 月 3 日　农场召开农业学大寨总结汇报会，会议通过农场体制改革的决定。

7 月 24 日　农场党委会、革命委员会召开扩大会议，制定“以畜牧为主、以农业为基础”的经营方针。将农业从畜牧中分离出去，分别成立农业、畜牧两大队，还有机务队、后勤队、磷肥厂。

1973 年 1 月　根据上级指示整顿粮食供应工作，人口、工种、定量三核实。

4 月 23 日　农场党委落实处理查抄政策复查对象。

12 月 14 日　为 300 多名工人调整工资，补发工资 4.4 万元。

1974 年 4 月 27 日　市农林局、市劳动局分配来农场知青 70 人。

8 月 26 日　农场遭受暴风雨和冰雹的灾害，降雹时间 20 多分钟。

12 月　制定农场 1975—1985 年 10 年远景规划。

1975 年 8 月 1 日　中共东风农场第四届党员大会召开，到会党员共 130 人，会期两天，讨论通过第三届党委工作报告，选举第四届党委会，李凌新等 15 名同志当选为党委委员。

1976 年 3 月　农场果树队，在荒芜的河边地上盖起了 340 平方米的猪舍，投资仅 6200 元，当年为国家交售肥猪 100 头，同时为果树积累了大量的优质有机肥料。

6 月　分配来农场的东城区应届初中毕业生 50 人。

7 月 28 日　凌晨，唐山丰南一带发生强烈地震，东风制药厂全厂干部、职工为支援唐山灾区，昼夜生产消炎粉共计 361.3 万袋，为唐山抗震救灾做出了贡献，被中央有关部门评为抗震救灾先进集体。

本年　农场购买联合收割机 1 台、大型脱粒机 2 台、手扶拖拉机 4 台、汽车 3 辆、小麦割晒机 7 台、各种配套农机具 9 台，发电机、柴油机、铣床、破碎机、烘干机各 1 台。

本年　农田基本建设共动土方 4 万多立方米，平整土地 31.33 公顷（折合 470 亩），复平 22 公顷（折合 330 亩）。农田水利灌溉系统铺设地下管道 600 米，铺设水泥预制板渠道 80 米。

1977 年 4 月 15 日　农场制定出 1977—1980 年四年规划措施。

10 月 4 日　组建东风制药厂党支部。

12 月　朝阳区委批准，东风农场二分场(四个生产队)改为大队经营核算。

1978 年 4 月 6 日　北京日报发表人物专访《可贵的一字精神》，对农场职工任云龙十几年如一日，每年义务打草一万斤*的事迹进行了表彰。

5 月 24 日　中国人民解放军总参通讯兵某团 58502 部队制药厂（北京长江制药厂），根据中央军委关于部队不办制药厂的指示，将 12 种产品(均为兽药)、设备及 31 名家属工全部转入农场所属的东风制药厂。

8 月 17 日　朝阳区委批准，星火人民公社与东风农场合并，名称为北京市朝阳区东风人民公社。合并后党委常委 15 人，委员 16 人，各组组长及机关成员 67 人，自然科学技术人员 44 人。

10 月　成立东风公社汽车队，队长牟光杰。

10 月 23 日　北京市政府批准朝阳区和东城区统建住宅征用东直门大队剩余的全部土地 178 亩，同时撤销东直门大队和南、北两个生产队的建制。

1979 年 10 月 1 日　东风公社委员会颁布了《计划生育规定》。

11 月 1 日　经市经委、市计委批准，同意东风公社（农场）与北京市棉印工业公司合营迁建北京第三印染厂，企业性质为集体所有制，企业归口市纺织工业局。

1980 年 4 月　农场为职工调整工资，升级面 41％。

4 月 5 日　北京市政府批复：北京市旅游局建设旅游宾馆征用麦子店大队麦子店生产队剩余的全部土地 194 亩，撤销麦子店生产队建制。

6 月 14—15 日　召开工会会员第四次代表大会，选举宋贵仓为工会主席。

9 月 6 日　酒仙饭店正式破土动工。

本年　李凌新、宁雪山、陈淑珍、佟德禄、陈国忠、徐德禄、陈文彬、张印忠、高春雨当选为朝阳区第七届人民代表大会代表。

本年　自来水安装基本到户，结束了群众吃电井水的历史。

---

* 斤为非法定计量单位，1 斤＝500 克。——编者注

1981年 1月12日　颁布农场职工劳保福利待遇及奖惩制度的几项规定。

1月23—24日　中共东风公社委员会第五届代表大会召开。李凌新当选为党委书记，惠万林、宋贵仓当选为党委副书记。

6月16日　北京市进出口管理委员会（81）79号文稿批复：同意东风农场与日方合作建设高尔夫球场，同意派人赴日本考察。

7月24—25日　东风公社召开第七届人民代表大会，选举产生公社管委会，惠万林当选为主任，李志宽、陈士忠、马跃庭、王忠、苗洪儒当选为副主任。

9月18日　经北京市委农工部批准，惠万林任东风农场场长。

9月23日　党委批转印发公社纪委《关于坚决刹住请客送礼不正之风的规定》的通知。

12月11—12日　农场召开"文化大革命"后首届职工代表大会第一次会议，出席代表70人，列席代表26人。

本年　农场谢运等人研究的乳牛淋巴肿瘤临床诊断及病理观察，用腐殖酸钠协助治疗鸡球虫病的研究成果荣获市农场局科技成果二、三等奖。

1982年 5月8日　农场召开首届职工代表大会第二次会议。

7月14日　农场遭受雹灾，受灾的菜田、粮田、果园损失约50多万元。

8月15日　在全国第三次人口普查工作中，查清了全场（公社）农、居总户为5823户、19907人。

12月12日　酒仙饭店全面竣工并正式对外营业。

12月20—21日　市农场局饲料公司和东风农场主持的"腐殖酸钠用于锯鹿茸止血技术"通过鉴定。

1983年 6月18日　国家体委、北京市政府批准东风农场和中国体育服务公司与日本东工物产株式会社、日本广济堂株式会社签订合作兴建"北京朝阳高尔夫俱乐部"的协议书。

12月21—22日　东风公社召开第七届人民代表大会第二次会议，成立了东风乡人民政府。惠万林当选为乡长，王忠、宋淑兰、苗洪儒当选为副乡长。

本年　东风农场推广笼养鸡先进技术和引进筛选推广BD-1号草坪分别荣获市农场局科技成果进步一等奖、三等奖。

1984年 4月21—22日　农场召开第二届职工代表大会，出席代表79人，会议发出《告职工书》。

8月6—9日　京郊连降大暴雨，雷雨加强风和冰雹，农场降雨量264毫米，玉米蔬菜大棚、果树受灾严重。

8月17日　东风农场与中国体育服务公司、内蒙古自治区体委三方签订了“成吉思汗马术公园”的联营协议书。

10月20日　东风乡落实中央办公厅（83）75号文件和市区殡葬改革会议精神，制定出禁止土葬，实行火化的规定。

11月9—10日　东风乡召开第八届人民代表大会第一次会议。陈士忠当选为乡长，王忠、宋淑兰当选为副乡长。

本年　东风农场鸡新防疫抗体纸片微量血测定的研究荣获农场局科技成果进步二等奖。

1985年　2月9日　东风农场与日本东京朝阳贸易株式会社签订合资兴建北京朝阳公寓的合同书。

2月22日　北京市人民政府批准翔天服装厂厂长杨宝臣为北京市劳动模范。

3月25日　东风乡与北京塑料纽扣厂在皮肥厂联合组建纽扣半成品加工车间。

5月15日　北京市政府批复：同意朝阳区政府为建设住宅小区征用东风乡六里屯大队西口队、中街队、甜水井队三个生产队剩余的全部土地共757亩，撤销以上三个生产队的建制。

6月1日　东风乡在六里屯东口村建立蔬菜果品批发交易市场。

6月18日　酒仙饭店扩建工程破土动工。该工程主体为直角形塔楼，地上16层，地下2层。

6月23日　北京市第一座组合式公寓——北京朝阳公寓开业剪彩。该公寓营业面积1500平方米，有客房32套。

11月27日　北京市政府批复：同意北京市住宅总公司、东风农场等单位为建设住宅和外资公寓，征用朝阳区东风乡麦子店大队亮马桥生产队全部土地，共21.73公顷（折合326亩）。亮马桥生产队予以撤销。

12月13日　北京朝阳高尔夫俱乐部领取营业执照。

12月26日　北京市政府批复：同意朝阳区政府为建设朝阳公园征用东风乡渔场的全部土地及水塘共23.34公顷（折合350.17亩），撤销渔场建制。

本年　东风制药厂研制的“注射用胸腺肽”获北京市科技成果一等奖。

1986 年　1 月 20 日　北京市农工商联合总公司任命陈庆明为东风农场场长。

10 月 17 日　农场党委在外交总台礼堂召开动员大会，党委书记李凌新做动员报告。

11 月 27 日　市农场局批准北京市东风农工商公司成立。

12 月　东风制药厂、奶牛场、石佛营生产队被朝阳区委、区政府评为“花园式”单位。

本年　东风制药厂研制的蜂王浆补剂系列产品荣获市农场局科技进步三等奖。东风修配厂研制的 QKR-C2 电动软轴雕刻机（京风牌）荣获农牧渔业部优质产品。

1987 年　3 月 21 日　东风制药厂与北京第三制药厂、北京医药技术经营公司合资兴建的以生产硬胶囊制剂为主的制药车间草签合同书。

3 月 27 日　农场与日方合资的北京东苑公寓有限公司合同草签仪式在德胜饭店举行。

5 月 9 日　东风农场（乡）召开第九届人民代表大会第一次会议，选举王忠为乡长，宋淑兰为副乡长。

5 月 16 日　东风农场、中国体育服务公司与日本广济堂株式会社、东工物产株式会社在六里屯合作兴建的北京朝阳高尔夫俱乐部竣工，出席仪式的有王震、孙平化、郑拓彬、贾石、荣高棠、李梦华、陈先、何振梁、王宪、张百发等中央及北京市领导；日方有众议院议员、日中友协理事长野田毅、田中直纪和日本驻华大使等。

6 月 11 日　中共北京市朝阳区东风乡第六届党员代表大会召开。选举产生了新党委、纪委领导班子，李凌新当选党委书记，陈庆明、王忠、胡玉让当选为副书记，纪委书记由胡玉让兼任。

1988 年　3 月 10 日　在北京市蔬菜生产工作会上，东风农场（乡）被评为先进单位。

5 月 10 日　在红霞影院召开建场 30 周年庆祝大会。局、农场领导为 30 年场龄的干部、职工颁发荣誉证书。

9 月 9 日　果树队矮枝型“玫瑰红”苹果引种推广工作通过鉴定，有关方面专家学者和北京日报、北京晚报记者参加了鉴定会。

本年　东风制药厂年产值突破一个亿，维生素E蜂王浆被评为部优、市优产品，该厂被评为北京市优秀先进企业。

1989年　6月30日　由东风制药厂中层干部和业务员50多人组成的催款团，收回长年拖欠的货款150多万元，以物顶款偿还外欠的原材料款近300万元。

7月15日　东风制药厂通过医药总公司、市农场局组成的联合考评组“国家二级企业标准”的考评。

8月21日　农场接收来自全国39个院校、48个专业的大学生共107名。

1990年　4月20日　酒仙饭店新楼开业，建筑面积18200平方米，投资3000万人民币，拥有248套标准客房。

7月23日　第七届工会会员代表大会、第四届职工代表大会召开，81名代表出席了会议，选举张文才为工会主席。

8月18日　召开辖区人口普查工作总结表彰大会，这次全国性第四次人口普查查清了东风乡辖区内共有4498户、13577人。

8月31日至9月3日　在美国发明协会组织的第四届国际发明会和展览会上，东风制药厂参展的奇效止鼾灵、酒仙乐、室内六效、蚊敌四个产品获得了“国际成就奖”。

10月27日　与日本大和房屋工业株式会社、丸红株式会社、ASN有限公司合资建设的东苑公寓举行开业典礼，中日各方代表及来宾近200人出席了剪彩仪式。

11月2日　北京市副市长吴仪、市外经贸委主任张明一行视察东苑公寓。

11月15—16日　共青团第六届代表大会召开，76名代表出席了会议。

12月12日　北京市政府批复：同意朝阳区政府因建设水碓公园，征用东风乡六里屯大队所属水东、水西、上四路生产队及麦子店大队枣子营生产队四个生产队全部剩余土地。将六里屯大队所属的水东、水西、上四路生产队的建制予以撤销。

12月30日　东风乡五个村委会进行换届选举投票工作，主任、副主任、委员一次投票选举成功。

1991年　2月25—26日　东风乡召开第十届人民代表大会第一次会议，选举产生了新一届乡政府领导成员，王忠当选为乡长，李国秀、宋淑兰当选为副乡长。

4 月 10 日　中共北京市朝阳区东风乡第七次党员代表大会召开，陈庆明当选为党委书记，高振泉、王忠、胡玉让当选为党委副书记。

12 月 16 日　东风农场机关档案管理达标顺利晋升二级。

12 月 30 日　朝阳公园建设征用东风乡（场）土地 2000 亩，经过长达一年的艰苦努力，完成转居 1803 人，转工 1131 人，超转老人、残疾人 204 人，完成了琉璃制品厂、金漆镶嵌厂、畅远袜厂、翔天服装厂、欣华服装厂 5 个集体企业的转制接收工作。

12 月 30 日　东风乡认真落实市委、市政府《关于加强乡村合作社建设，巩固发展集体经济的决定》，六里屯东口、豆各庄、辛庄、将台洼村委会先后召开了社员大会，成立了四个农工商合作社。

1992 年

3 月 6 日　为开拓边境贸易市场，在黑龙江省黑河市设立北京市东风农工商公司驻黑河市代办处。

4 月 5 日　中央领导江泽民、李鹏等到朝阳公园植树。农场主要领导陈庆明、高振泉和部分机关干部参加了植树活动。

5 月 13 日　北京市政府批复：同意朝阳区政府因建设石佛营住宅区，征用东风乡豆各庄所属的石佛营、苇西、苇东、豆各庄四个生产队合计 43.466 公顷土地（折合 651.99 亩）。将石佛营生产队建制予以撤销。

1993 年

3 月 30 日　北京日报第二版刊登题为“销售围着市场转，生产围着销售转，东风机械厂转出高效益”的报道。

4 月 10 日　东风乡参加“首届中国农民书画展”并获组织奖。

4 月 15 日　与中城乐天房地产开发有限公司签订《关于转让酒仙饭店的合同书》。转让费及补偿费共计 9000 万元。

5 月 30 日　东风小区居民住宅电话安装工程顺利完工并交付使用，总投资 60 万元，装机容量 160 门。

6 月 8 日　成立北京市通达房地产开发建设总公司东风分公司，高振泉任总经理，杨宝臣任常务副总经理。

7 月 12 日　成立北京海豹出租汽车公司。

8 月 8 日　农场与香港富达企业发展公司签署了合资兴办金达企业有限公司合同书。

8 月 24 日　与中央戏剧学院签署了东风制药厂旧平房改建住宅楼的联建协议书。

10月21日　东风乡农工商公司成立。

11月13日　北京市政府批复：同意朝阳区政府因建设朝阳公园二期工程，征用东风乡辛庄村菜田17.93公顷（折合269亩），房基地25.07公顷（折合376亩），划拨东风农场国有土地103.76公顷（折合1556.4亩），合计146.76公顷（折合2201.4亩）。大山庄生产队和建材构件厂建制予以撤销。

1994年　2月22日　东风乡第十一届人民代表大会第一次会议召开。胡玉让当选为乡长，王德成、刘荣华、董斌当选为副乡长。

4月15日　农场与香港三全工程有限公司合资兴建的“三全公寓”举行奠基典礼，董事长邱永汉、副董事长陈庆明先后发表致辞。市、区、局领导及外商等人员200余人前往祝贺。三全公寓整体为三幢连体，总建筑面积为50000平方米，高度80米，有290余套高端公寓住宅。

5月9日　北京市农工商联合总公司党委任命高振泉为东风农场党委书记，尹跃进为场长。

8月11日　东风制药厂药研所经过七年努力研制的“射麻口服液”正式取得中华人民共和国卫生部颁发的《新药证书》（94卫药证字乙-56号及生产批文），这是药厂首次研制成功国家级新药。

9月2日　第八届职工、会员代表大会隆重召开，戎向寅当选为工会主席。

12月12日　农场签订了与河北省唐县石南坡村西北环岛建设旅游综合配套设施的协议书，总占地为6.57公顷，土地使用权限为40年。

12月28日　与台湾羊羔记国际通商股份有限公司合作建设的“北京环球名人俱乐部”项目领取法人营业执照。

1995年　3月18日　由豆各庄凯鑫实业开发公司投资兴建的精华武术馆新馆落成。全国政协常委、中华全国体育总会主席李梦华，亚洲武联名誉主席徐才参加了新馆落成仪式，中外运动员进行了武术表演。北京电视台、新华通讯社等首都十几家新闻单位进行了报道。

4月4日　农场成立宏宝源商贸公司，宣布国有企业第一产业正式结束。

4月6日　三全公寓正式破土动工。

5月4日　农场（乡）第七次共青团代表大会召开。

7月7日　国务院秘书长罗干到东风乡视察外来人口管理工作。

1996 年 3 月 5 日 市农办、市经委和市调办有关领导来场听取关于东风制药厂与三九企业集团、万森产权融通有限公司协作，共同对东风制药厂实施企业改制的方案汇报。

4 月 15 日 农场与北京市经济技术协作总公司共同与北京市红旗物业管理有限责任公司签署了“有偿转让北京三元宾馆全部产权、土地使用权、经营管理权、股份及人事权”的协议书。

5 月 24 日 总公司职工大学东风分校举行开学典礼，75 名大专学员、53 名中专学员，总公司有关领导和农场主要领导出席了典礼。

6 月 7 日 首都绿化委员会常务副主任单昭祥到农场视察首都花园式单位——京磁技术公司绿化美化工作情况，农场党委主要领导陪同视察并做了汇报。

10 月 25 日 东风乡第十一届人民代表大会第六次会议召开。会议通过了《东风乡国民经济和社会发展“九五”计划和 2010 远景目标纲要》。

11 月 28 日 中共东风乡第八次党员代表大会召开。总公司党委书记秦瑞仁到会并讲话。高振泉当选为党委书记，尹跃进、胡玉让、何冰当选为党委副书记。

12 月 10 日 东风农场与三九企业集团、北京万森产权融通股份有限公司正式签订合同，将东风制药厂改组为北京三九万东药业有限责任公司，通过债权变股权的方式，三九集团占 65%的股份，万森公司占 25%的股份，东风农场保留 10%的股份。

1997 年 1 月 23 日 东风乡第十二届人民代表大会第一次会议召开，区人大副主任富启兰、区人大政法委李明亮到会祝贺。王忠当选为人大主席，李国秀为副主席；胡玉让当选为乡长，董斌、王德成、刘荣华为副乡长。

6 月 18 日 农场与湖南省张家界茅岩河旅游公司签订了合作经营“湖南省张家界茅岩河永东旅游有限责任公司”的协议书。合同期限为 10 年。

11 月底 原东风制药厂的 726 名职工人事劳资关系顺利移交给三九万东药业有限公司。

12 月 10 日 东风乡第三次妇女代表大会召开。

1998 年 2 月 10 日 东风小区物业管理公司正式成立。

4 月 18 日 农场石佛营农贸市场开业。该市场占地 1 万多平方米，有 150 多个固定商棚，300 多个摊位，投资 150 万元。

4月28日　共青团东风农场第八次代表大会召开。大会听取了第七届委员会工作报告，选举产生了新一届委员会成员。丁宁、孙琦、甘爱军、陈彤、刘红宇五人当选为第八届委员会委员。

5月30日　东方垂钓娱乐中心室外垂钓正式开业。

6月　按照市政府1996年第20号文件和区1998年18号文件要求，农场开展对农村集体资产进行核查登记工作。

8月10日　东风农场花卉大棚7月20日完工，8月10日通过朝阳区建委验收。花卉大棚面积2050.45平方米，为轻钢结构，共一层，高度5.9米，跨度20米。

8月18日　农场（乡）召开了场乡体制改革大会。会议由尹跃进场长主持。胡玉让乡长传达了岳副市长在市农工商联合总公司场乡体制改革领导干部大会上的讲话精神。高振泉书记讲话，改制工作组组长姜永洲和工作组成员葛祥书、张连贵等出席会议并讲了话。

8月20日　农场与北京市水产总公司、长发国际控股有限公司三方就合作开发建设大型综合水产品批发交易市场“水产广场”项目举行备忘录签字仪式。

8月20日　在北京市举办的“爱心与祖国同在”赈灾义演晚会上，农场所属的东苑公寓捐赠了10万元。

9月　东风农场和东风乡体制改革人事调整工作完成，进入财产划分阶段。此次改革划归农场的科室共有21个，93人，领导干部5人，共计98人。划归区县的科室21个，77人，领导干部4人，共计81人。

11月6日　“北京东锦康乐服务有限公司”领取了批准证书。

1999年

1月12日　总公司党委正式宣布调整东风农场领导班子名单。调整后领导班子成员为五名：尹跃进为党委委员、书记、场长，胡玉让为党委委员、副书记、纪委书记，董斌为党委委员、副场长，戎向寅为党委委员、工会主席，张申为党委委员。

3月10日　为支持朝阳公园建设，总公司批准，将农场所属两个国有企业翔天服装厂和欣华服装厂划拨给朝阳公园，全部资产及115名职工由朝阳公园一次性接收。

4月　农场机关机构改革工作顺利完成，构建机关四部一室一会，机关部室人员及负责人全部选聘上岗，对其待遇实行岗位津贴，按岗取酬。

4月21日　由东风农场、总公司职工大学共同主办的职工大学东风分校大、中专班举行毕业典礼。来自机关及基层企业的108名学员，系统地学习了企业管理和经济理论基础知识，并完成了学业。

7月1日　为了贯彻国务院《住宅公积金管理条例》及北京市《住房公积金实施办法》，农场为532名职工建立了职工住房公积金。

7月9日　北京市东风农工商公司与北京万邦企业发展公司共同签署了合作开发经营北京太合嘉园合作协议书。该项目将在朝阳区东四环东侧东风农场辖区内兴建，注册资金为2000万元人民币，总占地面积213000平方米，主要包括高级公寓、别墅、俱乐部。

7月14日　东风农场自上而下推行了以打破领导干部终身制，实行领导干部聘任制为主要目的的干部人事制度改革。首批18名基层企业厂长、经理正式接过聘书，走上领导岗位。同时农场对持股企业派出的高级管理人员实施委派制。为贯彻人事制度改革精神，部分基层企业也根据干部聘任原则，对单位副职及部门、班组实行逐级聘任。

11月　北京市东风农工商公司与河南长葛吉祥蜂产品加工厂共同出资，将东风保健营养品厂改制为北京市东风保健营养品有限责任公司。

2000年　3月3日　鉴于东风农场与北京朝阳高尔夫俱乐部的合作期限于2000年12月11日期满，北京朝阳高尔夫俱乐部召开第20届董事会，经合营公司中外各方商定，决定将北京朝阳高尔夫俱乐部的合作期限延长15年。

3月15日　东风农工商公司向三元种业转让其持有的东苑公寓35%的股权。

3月16日　农场召开基层企业厂长、经理和主管会计大会，会议宣布东风农场财务管理中心于3月份正式挂牌，对各单位的主管会计实行委派制。

6月　将占有大片土地的物资站关停，进行资产重组，提高资产效益。合并重组东风花木园艺场、大通汽配中心和汽车修理厂为一个经济实体，以东风花木公司名义统一对外。

8月16日　东风农场出台自身的“十五”经济发展规划，制定“十五”期间的指导思想和规划目标。

9月2日　北京市委党校北京市农工商联合总公司分校经济管理大本班在农场举行开学典礼，党委书记尹跃进出席并讲话。持续近3个月的筹备，来自基层和机关的58名人员被录取。

9月15日　基层八家企业在农场举行了集体合同签字仪式。

9月　农场积极配合总公司筹组“三元出租汽车公司”，将海豹出租汽车公司整体划归该公司。

9月　农场党委投资万余元，创办《东风农场报》，全面宣传农场“两个文明”建设的成果。

10月　农场投资100余万元，对东风小区2号、3号宿舍楼144户居民天然气、卡式表进行了试点改造，将原来的集中供暖改为分户燃气采暖，改变了以原煤为主的污染性能源结构为天然气为主的清洁型能源结构，并对职工个人供暖费支付办法做了规定。

11月24日　农场召开干部聘任大会，对农场机关部室负责人和基层厂长、经理实行新一轮聘任。这次聘期为三年，便于较长时间考察干部。

12月8日　农场与天鸿集团共同开发的“东润枫景”项目在北京晚报主办的北京十大明星楼盘评比中榜上有名。

2001年　3月　股份制企业北京东风医药经营有限公司成立，并领取营业执照，正式挂牌营业。

4月10日　朝阳高尔夫俱乐部领取了续延营业执照，本次延长经营期限15年。

5月15日　朝阳高尔夫俱乐部第二十一届董事会在日本东京召开。会议总结了过去15年的经营情况，重新制定了延期后的总体规划及经营方针。

5月　东风农工商公司取得了东风农场地区、豆各庄武术馆、东苑公寓、朝阳公寓和朝阳高尔夫俱乐部现有五宗地169.93公顷（折合2549亩）的土地使用证。

7月14日　总公司宣布北京市东风农工商公司与北京市通达房地产开发建设总公司合并成立北京三元置业有限公司。同时组建北京三元置业有限公司筹备领导小组。对新组建的北京三元置业有限公司，总公司党委对其领导班子人选做出如下建议：尹跃进为三元置业有限公司经理，苟长明为三元置业有限公司党委书记，董斌、郑建、王明革为三元置业有限公司副经理，曹京华为三元置业有限公司总经济师，胡玉让改任正场级调研员。

10月25日　东风建筑公司与民营高科技企业天筑伟业科技发展有限公司共同签订北京天筑伟业建筑工程有限公司合作协议。

11月9日　东风农工商公司与天鸿集团合作开发的东润枫景项目W2区工程正式开工。

11月15日　东风小区天然气供暖改造工程基本完成，共完成供暖改造1310户。

11月19日　北京市农工商联合总公司党委研究决定：北京三元置业有限公司党委由7人组成：党委书记苟长明，党委副书记尹跃进，党委副书记、纪委书记戎向寅，党委委员董斌、张佩华、张申、李蓉。张佩华任三元置业有限公司副总经理兼总会计师。

11月　东风农工商公司与天鸿集团合作建设的日坛中学分校正式开工。

12月28日　三元置业公司投资23万元建成计算机局域网。

12月29日　东风机械厂正式将原厂区移交给太合嘉园公司。

12月　三元置业公司完成了北京原昌皮革有限责任公司35%的股权确认和北京大石体育用品有限公司300万元的股权确认，同时委派干部参与管理。

2002年

1月16日　股份制企业北京益友佳药业有限公司正式开始营业。该公司注册资金50万元，员工15人。

1月22日　三元置业公司召开了挂牌运营以来的首次年度工作会议。

2月25日　三元置业公司召开第一期机构改革落实会议。会议宣布在公司内部成立两大事业部，将原通达和原东风房地产开发有关的部门整合成房地产开发部，将原通达和原东风的国有独资企业、控股及参股企业纳入资产经营管理部管理，其下属企业新通房产公司与东风物业公司合并，成立北京市东风物业管理中心。

2月26日　改制后的北京长建东风建筑公司——“北京天筑伟业建筑工程有限公司”正式领取营业执照。

3月28日　三元置业公司召开第二期机构改革会，宣布机关、事业单位机构改革方案。改革后，机关由原来的“三部一室一会”变为“四部一室”，即房地产开发部、资产经营管理部、人力资源部、党委工作部和办公室。机关管理岗位由原来的44人减少到21人，后勤岗位由原来的18人减少到14人。事业单位下设财务管理中心和房改办公室，管理岗位

16 人。

3 月　东苑公寓、朝阳公寓和朝阳高尔夫俱乐部企业管理法典正式出台。

4 月 11 日　原垂钓中心、京顺达物资公司、大通机电及东风医药四家单位同时完成了国有资产产权登记的注销。

5 月　三元置业公司将原有的档案管理软件《灵通文档软件》升级为《飞狐文档综合管理软件》，从而实现了档案管理的共享。该软件以文档一体化模式管理为目标，设计了从文书处理流程到档案自动归卷的管理模式。

6 月 6 日　三元置业公司召开第一届工会代表大会。选举产生了公司第一届工会委员会和经费审查委员会。

6 月 22 日　由通达公司开发的看丹苑二期项目正式开盘。该项目占地面积 4648.03 平方米，总投资近 1 个亿，手续规范，五证齐全。

7 月 16 日　北京三元置业有限公司取得北京市工商行政管理局颁发的企业法人营业执照。公司由北京市东风农工商公司和北京市通达房地产开发建设总公司共同出资组建，注册资本1000万元，企业经营范围为房地产开发和投资管理。

9 月 10 日　东风农工商公司与太合嘉园公司正式签署了合作开发建设协议书。该项目总占地面积约 100.69 公顷，主要用于建设住宅、会所等绿色产业。

2003 年　2 月 21 日　集团公司对三元置业公司领导班子进行了重新调整：尹跃进任党委书记；马建梅任党委委员、副书记、总经理。

4 月 1 日　三元置业公司及下属单位地税申报全面实行网上申报。

4 月 17 日　三元置业公司青年工作会暨团组织工作会召开。

4 月 23 日　三元置业公司召开防治非典型肺炎工作会议，传达北京市、集团公司的非典型肺炎防治工作会议精神，就下一步全公司防治非典型肺炎工作进行了紧急部署。

6 月 10 日　三元置业公司与北京盛元泰投资有限公司共同出资设立北京三元盛泰房地产开发有限公司，注册资本 3000 万元人民币，其中三元置业公司以货币方式出资 1530 万元，占 51%，北京盛元泰投资有限公司以货币方式出资 1470 万元，占 49%。

9 月 2 日　由天鸿集团和三元置业公司共同出资兴建的北京市日坛中学

分校举行启动揭幕仪式。

9月5日　东风农工商公司和天鸿房地产开发有限责任公司就共同开发东润枫景项目中的收益分配事宜最终达成一致意见，并签署补充协议。

9月15日　三元置业公司网页正式建立。网页按公司简介、涉外公寓、体育休闲、房地产项目、物业管理、房屋租赁等栏目介绍公司的主营业务和部分下属企业。

9月25日　东风农工商公司与太合房地产有限责任公司就太合嘉园项目中的收益、数额等事宜达成一致意见，并签署了补充协议。

10月　投资达465万元的东风小区一户一表增容供电改造工程基本完成。改造后，将彻底解决高峰供电紧张以及收费难的问题。此次改造面积15万平方米、居民1370户。

11月　朝阳公寓顺利通过北京市外经贸委有关股权变更、合资延期、企业更名等事项的审批，完成了在北京市工商局注册变更事宜。

12月10日　公司党委书记尹跃进当选朝阳区第十三届人民代表大会代表。

12月22日　东风物业管理中心通过了北京市技术质量监督局验收，成为北京市首家物业管理企业标准化体系建设达标单位。

12月31日　东苑公寓在北京市工商局办理了从17年延长为29年的延长经营期限变更登记手续，并领取了变更后的营业执照。

2004年

3月17日　东苑公寓股东各方在转股协议上签字，从第二个合营期起，东苑公寓的股东构成为北京三元置业有限公司、日本大和房屋工业株式会社、香港京泰百鑫有限公司和日本ASN有限公司，股份比例分别为50％、40％、5％和5％。

4月15日　太合嘉园“东山墅”项目正式开工。

4月26日　三元置业公司与上海市人民政府机关事务管理局签订了和平街西苑六号楼（通达公司办公楼）买卖合同。

10月29日　北京市房地产拍卖有限责任公司对朝阳区鼓楼外大街原金伦综合楼项目部分占用的5395.9平方米划拨工业用地的土地使用权及地上建筑物进行拍卖。通达公司领导龚建军等代表三元置业公司前往现场参加了拍卖竞买，拍卖起拍价为3650万元。经过多轮竞价，最终三元置业公司以4500万元的最高竞价竞买成功。

2005年 3月5日 朝阳公寓2004年度董事会在日本东京召开。会议对日方公司更名、董事会成员调整做了新的决议。

4月27日 东苑公寓第十九届董事会在日本召开。会议对开发二期项目做出了相关决议。

7月 三元置业公司出台《关于改革国有独资企业财务管理办法的有关规定》。

11月9日 完成恒发商贸公司工商注销。

11月15日 投资112万元的小黄庄供暖煤改气工程正式完工，按期供暖。

12月19日 大通机电产品销售中心工商注销工作完成。

12月 绿服中心、经营中心、东风物业管理中心、新通房产公司、金漆镶嵌厂、通达公司、东苑公寓7家单位签订了集体合同，并首次签订了女职工专项集体合同。

12月 三元置业公司所有企业拿到新的国有资产产权登记证。

2006年 4月11日 三元置业公司召开第二届二次职工会员代表大会暨2006年第一季度工作会。

4月20日 公司举行南十里居办公楼工程奠基仪式。此项目总建设面积30008.94平方米。

4月21日 北京东苑公寓有限公司在北京召开第20届董事会。

10月10日 三元置业公司召开公务用车改革大会。

11月 三元置业公司各基层党支部分别组织党员、团员和积极分子参观纪念红军胜利70周年展览。

2007年 1月20日 三元置业公司出台部室员工薪酬管理办法，新的薪酬管理办法继续沿用以岗位工资为主体的结构工资制，员工工资主要由岗位工资、工龄工资、通信费和绩效工资四部分组成。

3月 高庄子一期电改造和燃气改造工程圆满完成，此项工程共涉及居民190户，通达公司从此不再每年向供电部门缴纳10余万元电差价。

7月2日 三元置业公司取得了北京市国土资源局颁发的朝阳区鼓楼外大街金伦综合楼的国有土地使用证。

12月4日 召开专题工作总结会，副总经理王明革宣布公司又一历史遗留问题——东风小区16号院供电、供暖设施改造工程全面完成。这一工程的完成，标志着东风小区公共基础设施改造工作的全面结束。

12 月 25 日　三元置业公司举办新企业会计准则培训班。这次培训对保证三元置业公司在 2008 年准确执行新准则打下了良好基础。

2008 年　1 月 1 日　三元置业公司出台《三元置业有限公司关于员工带薪年休假办法》。

1 月 4 日　三元置业公司出台《三元置业有限公司机关考勤和请假制度》。

3 月 6 日　出台《关于北京三元置业有限公司机构调整前中层管理人员离岗休养管理办法》。

同日　三元置业公司举办“迎奥运、庆三八”女职工插花比赛。集团公司工会领导和公司总经理马建梅及领导班子成员参加了此次活动。

4 月 22 日　出台《三元置业有限公司机关员工休假薪酬支付办法》。

4 月 25 日　东苑公寓在日本召开第 22 届董事会。会议审议并通过了第 21 届董事会决议事项落实情况的报告；审议并批准了 2008 年度经营方针及投资计划报告。

4 月 29 日　对涉及修建东直门交通枢纽通道——东北二环机场高速联络线延线范围内地上物东直门综合楼进行拆迁，一次性获得拆迁综合补偿款 926.50 万元。

4 月　资产经营管理中心（北京市宏宝源商贸公司）与绿化管理服务中心（北京市花木园艺场）合并，成立北京三元置业有限公司资产经营中心。

5 月 9 日　朝阳高尔夫俱乐部第 28 届董事会在日本札幌顺利召开。

6 月 27 日　华信医院建设病房楼，从公司投资建设的南十里居开闭站接电。为配合北京市电网建设，华信医院在支付占地、土建等费用 200 万元后有偿使用开闭站。

8 月 5 日　三元置业公司青年工作委员会组织了一次别开生面的“迎奥运、讲文明、树新风”文明礼仪展示活动。

8 月 12 日　三元置业公司开发建设的南十里居办公楼，在北京金辉彩虹国际拍卖有限公司拍卖会上拍卖成功，北京振远公司以 2.25 亿元的价格取得该办公楼的所有权。

11 月 5 日　完成东风兴东储运中心工商注销。

2009 年　3 月 19 日　三元置业有限公司召开了深入学习实践科学发展观活动动员

大会。动员大会由公司副总经理王明革主持。公司学习实践活动领导小组组长、党委书记尹跃进做动员讲话。公司学习实践活动领导小组副组长、总经理马建梅就公司学习实践活动做了全面具体部署。联系三元置业公司的集团公司副总经理谢磊和第五检查组成员出席了会议并讲话。

6 月 30 日　三元置业公司召开领导班子分析检查报告群众评议会，集团公司指导检查组组长路素梅出席会议并讲话。公司领导班子全体成员以及职工代表 33 人参加了评议会。

7 月 21 日　马建梅调离三元置业公司，三元置业公司工作由尹跃进全面负责。

8 月 18 日　三元置业公司召开深入学习实践科学发展观活动总结大会。全体公司领导、中层干部和基层党员 80 余人参加了大会。公司学习实践活动领导小组组长尹跃进以“珍惜成果、坚定信心、努力开创公司各项工作新局面”为题，就公司开展深入学习实践科学发展观活动的情况做了全面总结。集团公司副总经理谢磊及检查组成员出席会议。

9 月　三元置业公司投资 6430 万元成功收购 5047.36 平方米的朝阳区十里堡北里 18 号院住宅项目，已取得土地使用证，土地用途为办公。

9 月　三元置业公司将东山墅 062 别墅作为商品房进行出售。

12 月　三元置业公司工会为会员办理“京卡—互助服务卡”，为每一位会员办理一份非工伤意外险和家庭损失保险及法律咨询、职业介绍、困难帮扶、应急临时救助等服务。

12 月　完成东风农工商公司与通达公司工资并轨工作。

2010 年

3 月 4 日　三元置业公司党委召开中层管理岗位竞聘动员大会。此次竞聘的岗位包括公司机关部室正副职、基层企业正副经理和外派高管，共计 24 个岗位。

3 月 31 日　经集团公司党委常委会研究决定：王明革任北京三元置业公司党委副书记、总经理；高智慧任北京三元置业公司党委委员、副书记、纪委书记；建议高智慧为北京三元置业公司工会主席人选，按有关规定，履行法定程序。

4 月 7 日　以尹跃进董事长为首的股东各方董事齐聚江西九江，召开东苑公寓第二十四届董事会。听取了总经理小林健志所做的东苑公寓 2009 年度经营及决算报告、2010 年度预算及投资计划报告等。

4月20日　在三元置业公司一季度工作会上，宣布了公司新一轮中层管理岗位竞聘结果，并颁发了聘书。公司领导班子成员、各部室部长、基层企业负责人和外派高管等参加会议。

5月18日　朝阳高尔夫股东各方董事在东京召开第三十届董事会。董事长王明革主持会议。

9月15日　公司组织职业经理人系列培训。党委书记、董事长尹跃进出席并进行了开班讲话，公司中层以上管理干部和近几年招录的大学毕业生参加了培训。

10月13日　公司召开中层以上管理干部参加的会议。首农集团党委副书记马辉宣布了首农集团党委对东风农工商公司领导班子的调整决定：于永杰任党委委员、副书记、总经理；王明革任党委委员、书记、常务副总经理；高智慧任党委委员、副书记、纪委书记、工会主席；曹京华任党委委员、副总经理；李蓉任党委委员。

11月　东风农工商公司组织召开清产核资动员会，公司总经理于永杰主持会议，副总经理曹京华、总会计师刘庆春出席会议，下属国有及国有控股企业法人、财会负责人参加会议，并成立了以总经理于永杰为组长的公司专项清产核资工作领导小组。

11月1日　东风农工商公司出台《北京东风农工商公司困难补助及慰问金发放办法》。

11月25日　完成东风制药厂工商注销。

2011年

1月7日　东风农工商公司顺利完成了和谐家园底商的销售，为公司实现销售收入2533.908万元。

2月14日　集团公司决定将北京市康乐工贸公司整体划转至东风农工商公司。

3月　日本发生9级特大地震和海啸灾害后，首农集团党委书记、董事长张福平，总经理薛刚在第一时间致电大和房屋工业株式会社，向他们及家人表示慰问。公司总经理于永杰、党委书记王明革向中日合资企业的日方工作人员及其家属表示慰问。

3月31日　北京东苑公寓有限公司第二十五届董事会在京召开。会议审议并通过了总经理仁科雅夫所做的《2010年度公司决算报告》《2011年度公司计划报告》及各项提案。

5月5日　东风农工商公司青年工作委员会组织以“奋斗、自强、感恩”为主题的“五四”演讲比赛。

5月19日　东风农工商公司出台《关于中层管理人员离岗休养的规定》。

5月20日　东风农工商公司三届二次职工会员代表大会审议通过了《北京市东风农工商公司“十二五”发展规划》《北京市东风农工商公司薪酬改革实施方案》《北京市东风农工商公司员工薪酬管理办法》《北京市东风农工商公司竞聘上岗实施办法》《北京市东风农工商公司关于员工办理退休手续有关问题的规定》。

8月8日　经东风农工商公司的请示，集团公司批复同意将三元置业有限公司持有金木公司5%的国有股权无偿划转给东风农工商公司。

8月　东风农工商公司以1.25亿元出售092号别墅。

9月26日　经公司经理办公会研究决定，北京三元置业有限公司实体化，隶属东风农工商公司，由原开发部、工程部组成，并成立党支部。

10月8日　三元置业有限公司以成交价1.11亿元竞得北京市顺义区南法信镇商业金融34-1号地块的国有建设用地使用权。该宗地总用地规模24042.8平方米。

10月28日　宏宝源公司收回与北京市恒源顺达商贸有限公司、北京利亚德鑫贸易有限公司、北京鸿昭房地产经纪有限公司房屋租赁合同纠纷案中胜诉的场地占用费，并清走了租户20多户。

11月　于永杰总经理当选为朝阳区第十五届人大代表。

11月10日　经东风农工商公司的请示，集团公司同意将三元置业有限公司持有北京市朝阳高尔夫俱乐部有限公司70%的权益、持有北京朝阳公寓有限公司70%的国有股权、持有北京东苑公寓有限公司55%的国有股权无偿划转给东风农工商公司。

11月23日　东风农工商公司出台《2011年绩效考核管理办法》，实行全员考核。

2012年

1月19日　三元置业公司正式取得了顺义区南法信镇34-1号地块的《国有土地使用证》。

3月6日　东风农工商公司工会组织了《我运动　我健康　我快乐》庆“三八”活动。

3月28日　北京东苑公寓有限公司股东各方董事齐聚日本大阪，召开了第26届董事会。会议审阅并通过了东苑公寓2011年度决算报告及2012年度预算报告。会上，中日股东双方再次探讨了东苑公寓的二期事宜。会后，董事长于永杰会见了大和公司会长，双方交换了关于东苑二期的意见。

4月9日　东风农工商公司党委下发《关于做好基层党组织分类定级工作的通知》，对基层党组织分类定级工作提出具体要求。

5月24日　东风农工商公司召开了中层领导干部聘任大会。总经理于永杰主持会议，党委书记王明革讲话。

6月5—7日　东风农工商公司党委组织为期三天的青年员工拓展训练活动，25名青年员工参加。

6月19日　东风农工商公司举办"安康杯"安全知识竞赛。公司机关及所属九家单位分别组队参赛。

10月10日　东风农工商公司召开职工代表大会和机关全体职工大会，就公司企业年金实施细则进行了审议，与会人员通过无记名投票表决方式，审议通过了公司企业年金实施细则。

10月16日　经集团公司党委常委会研究决定：何冰任东风农工商公司党委委员、书记。

11月8日　东风农工商公司班子成员、全体党员干部、群众集中收看十八大电视直播，认真听取胡锦涛总书记的报告。

12月7日　东风农工商公司力邀市学习贯彻十八大精神宣讲团成员郭海燕为公司全体党员干部解读十八大报告。郭教授为大家全面系统地阐述了十八大报告的主题、重大思想观点、重大理论创新、重大战略部署和重大意义。

12月17—18日　东风农工商公司召开第九次党代表大会。党委书记何冰作党委工作报告；党委副书记、纪委书记高智慧作纪委工作报告；大会选举产生公司新一届党委会委员和纪律检查委员会委员。党委委员为：何冰、于永杰、高智慧、赵青雷、邵建祥，何冰当选为党委书记，于永杰、高智慧当选为党委副书记；纪委委员为：高智慧、潘亮、彭晓平、谷玉慧、韩雨，高智慧当选为纪委书记，韩雨当选为纪委副书记。集团公司党委书记、董事长张福平到会并讲话。

2013年　1月　东风农工商公司召开了以"学习贯彻党的十八大精神，进一步改进工作作风，紧密联系群众，为民务实清廉”为主题的民主生活会，公司领导班子全员参加会议。

3月8日 东风农工商公司党委组织机关及各基层党支部书记一行到南郊农场的德茂物业和金星园艺场党支部进行交流学习党员目标管理工作，参观了红星集体农庄、三元牛奶工业园。

3月22日 三元置业有限公司顺义区南法信镇34-1号商业金融项目举行开工奠基仪式。东风农工商公司总经理于永杰、党委书记何冰及领导班子全体成员，北京市五越建筑有限责任公司副总经理钟春隆，北京京盛工程建设监理有限公司总经理向红等出席奠基仪式。

4月 东风农工商公司发出创建精神文明先进单位倡议书，希望公司全体员工从自我做起，以更加饱满的热情，更加积极的态度，投入到公司精神文明建设中来，让文明新风吹遍公司的每个角落。

5月3日 东风农工商公司青年工作委员会举行以“弘五四之风、展青年风采、树东风精神”为主题的五四青年节文艺演出活动。

5月14日 朝阳高尔夫俱乐部第三十二届董事会在日本东京召开。会上做了2012年度经济报告和2013年度工作计划投资报告。董事长何冰主持会议并讲话，会议做出经营期满不再延期的决议。

6月 东风农工商公司组织全公司安全主管领导、安全管理人员、重点岗位员工等83人听取了火灾事故案例、自防自救、逃生等相关知识讲座。

8月6日 东风农工商公司召开党的群众路线教育实践活动动员大会。总经理于永杰主持大会，党委书记何冰做动员讲话，集团公司第五督导组组长段伟到会讲话。

8月10日 东苑公寓第二十七届董事会召开。会议审议并通过了2012年决算报告、2013年度预算报告，会上，经股东双方认真讨论，就“股权转让框架协议”内容达成一致，并就会议决定事项签署了会议纪要及决议书。

9月16日 东风农工商公司总经理于永杰、党委书记何冰、副书记高智慧陪同集团督导组成员到东苑公寓，就党的群众路线教育实践活动开展情况进行检查和督导。

同日 东风农工商公司将朝阳区十里堡北里18号院综合楼出售给朝阳电

力实业开发总公司，并签订了买卖合同。

10月28日　东风农工商公司党委书记何冰、党委副书记高智慧陪同集团督导组成员到朝阳高尔夫检查督导党的群众路线教育实践活动，公司党委委员、高尔夫党支部书记邵建祥就此项活动做了汇报。

11月10日　由多家北京一线建筑施工企业的主要技术负责人组成的专家组对三元置业南法信项目进行了首次结构长城杯验收。各专家一致认为南法信项目结构实体施工及现场管理处于严格受控状态，首次验收通过。

11月29日　东风农工商公司召开党的群众路线教育专题民主生活会。党委书记何冰主持会议。领导班子成员，集团公司联系点领导、工会主席郑立明，集团公司第五督导组成员，集团公司教育实践领导小组办公室有关人员参加了会议。

12月23日　东风农工商公司领导班子在机关会议室召开党的群众路线教育实践活动“回头看”交流会。集团公司第五督导组成员及全体班子成员出席会议。

12月31日　公司总经理于永杰、三元置业公司经理王东生来到南法信项目施工现场，亲切慰问了南法信项目各参建方，并带领南法信项目各方管理人员共同完成了项目九层顶板最后一平方米混凝土的施工任务，自此，顺义区南法信项目正式结构封顶。

2014年

1月8日　北京三元盛泰房地产开发有限公司在北京东风农工商公司二楼会议室召开股东会，会议同意注销北京三元盛泰房地产开发有限公司，确认清算报告真实有效。

1月24日　东风农工商公司召开党的群众路线教育实践活动总结大会，党员干部群众70人参加大会。会议由党委书记何冰主持。总经理于永杰做公司党的群众路线教育实践活动总结报告。集团公司第五督导组成员出席会议，并做了总结讲话。

3月6日　东风农工商公司工会组织开展了以“用心做企业　真心待员工　爱心对家庭”为主题的三八妇女节演讲活动。

4月3日　东港·鑫座销售中心举行揭牌仪式。东风农工商公司总经理于永杰、党委书记何冰及项目相关人员共同出席了此次活动。

4月25—28日　东风农工商公司开展了以“传承农垦精神　立足本职岗

位 做强东风经济”为主题的五四青年节活动。

4月29日 东风农工商公司决定成立东港时代物业公司，牵头单位为朝阳公寓。

6月17日 东风农工商公司召开中层干部聘任暨半年经济工作会。党委书记何冰主持会议，公司领导班子成员、新聘任的中层干部和机关工作人员参加会议。于永杰总经理与受聘的中层干部代表签订了《岗位聘任协议书》。

6月28日 东港鑫座项目举行开盘仪式。公司总经理于永杰、党委书记何冰以及三元置业公司有关领导共同出席此次活动并为开盘仪式剪彩。

7月8日 朝阳高尔夫俱乐部第三十四届董事会在日本东京召开。俱乐部股东方的董事出席本次会议。会议由俱乐部董事长何冰主持，董事会认真审议了各项工作报告，对俱乐部2013年的经营情况表示满意，并对2014年的经营计划表示赞同。

8月 东风农工商公司《管理制度汇编》印刷成册。此次形成的管理制度共计53个，涉及企业管理制度4项，涉及员工管理制度4项，设计项目管理制度2项，涉及财务管理制度11项，涉及党建管理制度12项，涉及行政管理制度20项。

8月23日 由东风农工商公司承办的首农集团篮球赛在朝阳体育馆拉开序幕。此次篮球赛有来自首农集团一线的14支队伍参赛。10月24日进行总决赛，总经理助理潘亮带领的东风农工商代表队荣获冠军。

10月30日 东风农工商公司举办为期四天的物业管理培训班，邀请了物业管理专家以案例为基础，以多媒体为手段，深入浅出地为培训人员解读物业管理条例。来自各基层企业的60余名职工参加了此次培训。

11月27日 南法信镇34-1号商业金融项目顺利取得工程竣工验收备案表。至此，南法信项目已完成主体规划设计、建筑施工和设备安装质量的全部要求。

12月23日 经过北京市商务委（京商务资字〔2014〕978号）的批复，北京东苑公寓有限公司日方股东将全部股权转让给中方，并于2015年1月12日办理完成营业执照的变更手续。至此，北京市东风农工商公司完全收购东苑公寓原日方股东——日本大和房屋工业株式会社所持有的东苑公寓40%的股份。

2015 年 1 月 7 日　东风农工商公司召开领导班子民主生活会征求意见会，就公司领导班子在政治素质、经营管理、团结协作、作风形象四个方面提出意见和建议。公司领导班子成员、中层干部和部分党员代表、职工代表共计 36 人参加了征求意见会。

1 月 15 日　三元科技研发中心项目取得了北京市规划与城乡建设委员会核发的“建设工程规划许可证”。

5 月 14 日　东风农工商公司共青团组织青年员工前往位于顺义区的焦庄户地道战遗址纪念馆，开展五四青年节主题活动。

6 月 15 日　东风农工商公司召开“三严三实”专题教育党课暨动员部署会。会上，公司党委书记何冰为大家讲了一堂专题党课，对公司开展“三严三实”专题教育进行了细致的动员与部署。公司各基层支部书记、机关各部室正副职参加了会议。总经理于永杰主持会议，并对开展“三严三实”专题教育提出明确的要求。

6 月 18 日　东风农工商公司安全委员会在机关举办了消防安全知识讲座，来自公司机关、基层单位安全负责人及职工共计 70 余人参加了此次活动。

7 月 8—9 日　东风农工商公司邀请专业讲师，进行了“互联网思维与企业转型创新”的培训。公司领导班子全体成员、中层管理干部及青年骨干参加此次培训。

7 月 28 日　三元科技研发中心项目举行开工奠基仪式。出席开工奠基典礼的领导有集团公司党委副书记马辉等，东风农工商公司领导班子成员及部室、基层企业负责人，施工方有关人员。

8 月 12 日　东风农工商公司邀请国家级社会体育指导员、卫生部健康大使赵之心为广大职工做了“百练走为先”为主题的讲座。

8 月 21 日　东风农工商公司党委中心组“三严三实”专题教育第一阶段集中学习研讨会在机关会议室召开，全体领导班子成员出席会议。会上集中观看了《做焦裕禄式的好干部》学习光盘。领导班子成员围绕主题，畅谈学习认识和体会，总经理于永杰谈了自身感受，党委书记何冰对领导班子提出要求，希望大家务必遵守党的纪律，自觉维护个人形象和单位的公信力。

10 月 14—15 日　公司特邀专业讲师授课，就职业化塑造与职业素养，开展了为期两天的企业员工培训，公司机关各部室、基层各单位共计50余人参加了此次培训。

10月23日　东风农工商公司党委中心组召开了“三严三实”第二专题学习研讨会。与会人员围绕“严于律己、严守党的政治纪律和政治规矩，自觉做政治上的明白人”这一主题谈体会、谈感受。党委书记何冰就这一专题的学习进行了小结，安排部署了第三专题的学习研讨工作。

11月17日　大事记初稿已经形成，为了使其更加充分、全面系统地反映东风农工商公司发展的历史，公司召开大事记编写工作专题座谈会。集团公司办公室主任尹跃进、三元酒店党委书记王明革、公司领导班子成员及具体编写工作人员参加了会议。

11月26—27日　东风农工商公司召开2016年度工作务虚会。党委书记何冰肯定了各职能部室一年的辛苦工作，提出工作要求。总经理于永杰对与会人员提出的合理化建议予以肯定，同时结合东风实际，进一步明确面对国企改革及整体经济环境的变化，要大胆创新，以家文化为导向，积极开展工作。

12月4日　东风农商公司党委中心组开展“三严三实”第三专题学习研讨会。会上研读了“三严三实”党员干部读本有关内容，观看了“三严三实”的教育视频。党委书记何冰强调，及早安排班子成员撰写党性分析材料，认真细致筹备专题民主生活会，确保各项工作顺利完成。

12月11日　朝阳高尔夫俱乐部与日方合作到期。俱乐部于10月25日开始正式停止对外营业，并分批与30余名员工协商解除了劳动合同。下一步是一方面做好清算工作，另一方面探索未来经营模式。

12月25日　完成金漆镶嵌厂的工商注销。

2016年　1月13日　东风农工商公司召开2015年度“三严三实”专题民主生活会。党委书记何冰主持会议并代表领导班子作了对照检查发言。集团公司工会主席郑立明出席了会议。

2月　根据集团公司关于《首农集团“十三五”发展规划》的总体要求和指导思想，结合北京市东风农工商公司的实际情况，制定了《北京市东风农工商公司“十三五”发展规划》。

3月10日　北京东枫国际体育文化有限公司正式办理工商注册登记，注册资金1000万元，法定代表人邵建祥。

3月　北京三元置业有限公司由房地产开发企业四级资质晋升为三级资质，未来公司可承担的开发项目业务范围将逐步拓宽，市场竞争力逐步增强。

4月20日　签署公安部占地补偿协议。公安部经侦办案基地建设位于奔宝院东南角，占地2公顷，补偿费2070万元/公顷，共计4140万元。

5月　北京三元置业有限公司进行法人代表变更，将原法人代表于永杰变更为葛全喜，董事会及监事会成员相应进行了变更。

5月底　三元科技研发中心项目取得了规划许可变更文件，追回因屋面方案调整而减少的2500余平方米的建筑面积，挽回因面积减少而给企业带来的经济损失。8月，三元科技研发中心项目重新取得了施工图审查合格文件。

6月18日　东苑公寓经营期限到期。2月24日，获得集团公司京首农发〔2016〕39号文批复，同意东苑公寓合营期限延长至2036年6月18日。4月15日，办理完成了延长经营期限的申报手续，获得了北京市商务委的批复并取得了延期后的批准证书。5月4日，办理完成了北京市工商局的备案手续并领取了延期后新的营业执照。至此，东苑公寓的经营期限又延长了30年，经营期限为1987年6月19日至2036年6月18日。其中北京市东风农工商公司占95%的股权，京农工商澳洲有限公司占5%的股权。

6月21日　北京东苑公寓有限公司第三十届董事会在北京顺利召开。

6月30日　东港鑫座项目完成第三方审计，项目竣工结算工作圆满结束，项目最终结算价格2.538亿元。

7月29日　经集团公司京首农发〔2016〕142号文批复，同意北京市东风农工商公司将所持华润三九（北京）药业有限公司10%的股份进行转让，东风严格按照相关规定、政策法规办理股权转让事宜，彻底退出该企业。

7月　三元科技研发中心项目各幢楼宇已按计划完成结构封顶，克服了雨季对下沉式基槽施工的不利影响，保证了工程质量和进度。

8月26日　京首农集团组字〔2016〕29号函通知：任占伟任北京市东风农工商公司党委副书记、纪委书记，建议任占伟为工会主席人选。

9月6日　北京市东风农工商公司成功取得位于东润枫景底商面积

5398.65平方米的不动产登记证。

10月8日　三峡资产管理中心购买东港鑫座项目A座全部办公用房和155个地下车位，并于28日成功举办交房入驻仪式。首农集团副总经理马建梅，三峡集团、南法信镇政府及东风农工商公司有关领导出席活动。

10月10日　赵青雷任东港时代物业管理有限公司董事长。11月11日完成法人代表变更。

11月15日　公司总经理于永杰当选为北京市朝阳区第十六届人大代表。

同日　东风南路一号院历经18个月的装修改造升级完毕，从电力、燃气、取暖、外装、绿化、消防设施等方面得到全面提升。

11月　由于东苑公寓总经理和董事会成员的变更，在市工商局进行了变更备案。经董事会研究决议，新一届董事会成员为董事长于永杰，董事任占伟、赵青雷、龚建军、闫美占。

12月27日　东风农工商公司召开第十次党代表大会。党委书记何冰作党委工作报告；党委副书记、纪委书记任占伟作纪委工作报告；大会选举产生公司新一届党委会委员和纪律检查委员会委员。党委委员有：何冰、于永杰、任占伟、赵青雷、邵建祥，纪委委员是：王爽、任占伟、刘晓东、谷玉慧、高向荣。

同年　公司资产总额9.1亿元，所有者权益3.21亿元，实现营业收入32650.47万元，利润总额2461.42万元，员工年平均工资104864元。

2017年

4月18日　北京市东风农工商公司完成增资工作，注册资本由2700万元增至10700万元。

4月25日　共青团北京市东风农工商公司第一次团员大会如期召开。大会选举产生了公司共青团总支委员会。在委员会第一次全体会议上，李蒙当选为公司共青团总支书记。

5月23日　北京市东风农工商公司与八九八创新空间（北京）科技有限公司就共同投资设立东枫八九八（北京）科技有限公司举行签约仪式。

6月29日　北京市东风农工商公司与成都安琪儿医疗控股集团就东苑公寓的整体租赁举行签约仪式。

7月4日　北京市东风农工商公司组织召开内控体系建设工作启动会。

9月11日　北京康乐工贸公司取得公司外立面装修施工许可手续。

9月30日　北京市东风农工商公司完成中层以上领导干部公车改革工作。

10月18日　北京市东风农工商公司组织机关全体党员集中收看了中国共产党第十九次全国代表大会开幕盛况，认真聆听了习近平总书记代表十八届中央委员会向大会作的《不忘初心，牢记使命，高举中国特色社会主义伟大旗帜，决胜全面建成小康社会，夺取新时代中国特色社会主义伟大胜利，为实现中华民族伟大复兴的中国梦不懈奋斗》报告。

11月14日　完成北京东润鸿元休闲俱乐部管理有限公司清算退出工作。

12月6日　三元科技研发中心项目取得北京市规划委员会朝阳分局核发的《建设工程规划核验（验收）意见》。

12月28日　北京市东风农工商公司完成名称注册变更的工商登记手续，并取得新的营业执照，公司名称变更为北京市东风农场有限公司，完成全民所有制企业公司制改革工作。

12月29日　三元科技研发中心项目取得北京市朝阳区住房和城乡建设委员会核发的《北京市房屋建筑和市政基础设施工程竣工验收备案表》。

同年　公司资产总额8.5亿元，所有者权益4.5亿元，实现营业收入18504.11万元，利润总额5050.24万元，员工年平均工资109811元。

2018年

2月1日　东风农场召开三届十一次职工代表大会。

2月1日　东苑公寓启动企业转型人员转岗的安置工作。

4月10日　八九八创新空间（北京）科技有限公司签署《股权转让协议》将持有的东枫八九八（北京）科技有限公司50%股权转让给北京德必荟文化创意产业发展有限责任公司。东风农场与德必集团开始合作，共同运营三元研发中心项目。

4月25日　经上级公司批准，三元置业收购上海华信集团（香港）有限公司所持青岛保税港区能源基地有限公司100%股权。5月15日完成工商变更，注册资本由1.5亿美金变更为93490万元人民币。

5月25日　东风农场出台《北京市东风农场有限公司机关薪酬管理办法（试行）》《北京市东风农场有限公司机关绩效考核管理办法（试行）》《北京市东风农场有限公司国有及国有控股企业负责人薪酬管理办法（试行）》《北京市东风农场有限公司国有及国有控股企业负责人考核办法（试行）》，进行公司内部薪酬体系改革。

6月8日　中轴路立体停车设施项目得到《北京市朝阳区人民政府公文批办单》，获得区政府同意实施的批准意见。8月21日中轴路立体停车设施项目（首农食品展示综合体）经集团公司批准，准予建设。

8月24日　东苑公寓与西藏天使医疗投资有限公司正式签订《房屋租赁合同》解除协议。

9月12日　首农食品集团党委第二巡察组对东风农场党委专项巡察工作召开动员会。

11月7日　东风农场将所持有的北京三元德宏房地产开发有限公司12.75%的股权经过北交所协议转让给北京市南郊农场有限公司。

11月22日　东风农场、通达房地产开发建设总公司与北京房地集团有限公司、北京首农食品集团有限公司共同签订非经营资产移交接收协议，涉及资产总建筑面积125841.44平方米。

12月13日　首农食品集团党委第二巡察组专项巡察东风农场党委情况召开反馈会。

12月19日　市委组织部组织处、市国资委党群处到东风农场开展党建工作调研。

12月20日　首农·东风大厦完成竣工备案，投入使用。

12月24日　东风农场持有的北京三全公寓有限公司20%股权经过北交所挂牌交易转让给北京金明多网络技术有限公司。

截至2018年年末，公司资产总额13.37亿元，负债总额8.59亿元，所有者权益总额4.78亿元。2018年公司实现营业收入总额25458.63万元、利润总额3346.67万元。员工年平均工资110012元，如下图所示。

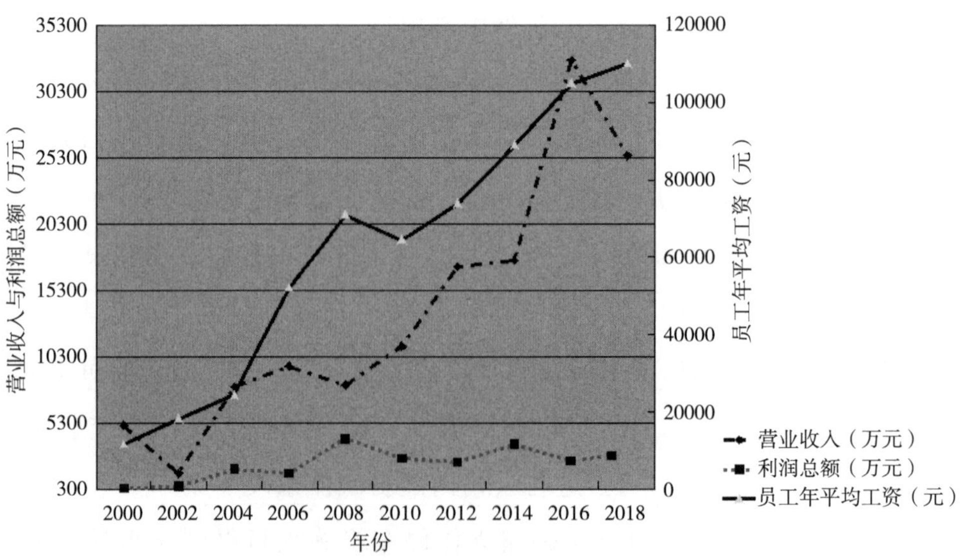

2000—2018年公司营业收入、利润总额、员工年平均工资历年变化

第一篇

建制与沿革篇

中国农垦农场志丛

第一章　东风农场历史沿革

第一节　全国农业展览馆农场

1957年，国家农垦部在筹建全国农业展览馆期间，考虑到全国农业展览馆在农业展览工作中需要展示具有示范意义的农牧业机械化、规模化和科学化生产，展示先进的种植技术、栽培技术、耕作技术和养殖技术，展示优良的作物品种和畜禽品种等，因此决定在筹建全国农业展览馆的同时在展览馆附近组建一个与全国农业展览馆相配套的国营农场以实现上述的诸多展览示范功能。由此，农垦部决定在全国农业展览馆筹建机构中设立全国农业展览馆农场筹备处，由全国农业展览馆国营农场馆馆长李直任筹备处主任，由全国农业展览馆国营农场馆副馆长陈锦余任筹备处副主任并开始具体的筹备工作。

全国农业展览馆农场的筹建工作由国家农垦部生产局局长张省三负责总协调。经过与北京市政府的协调，于1958年初正式向北京市城市规划局提出划拨土地用以建设全国农业展览馆农场的报告。

1958年3月18日，北京市东郊区区长马海水主持召开联席工作会，协调解决组建全国农业展览馆农场的土地划拨事项。参加会议的有北京市城市规划局负责人、全国农业展览馆农场筹备处负责人、北京市东郊区所属平房乡和将台乡负责人等。会议决定：北京市东郊区在将台洼附近进行征地，征购五一农业社土地1398亩（93.2公顷）、三八农业社土地952亩（63.47公顷）和星火农业社土地952亩（63.47公顷），总计3302亩(220公顷)，全部划拨给全国农业展览馆农场使用。这块土地包括生产用地3140亩、房基地147亩、非生产用地20亩，另有窑坑水面540亩。同时，拆迁民房67间、征用民房157间、迁坟350座，支付征地和拆迁补偿款总计34万元。截至1958年3月底，征地工作基本完成。农垦部向全国农业展览馆农场筹备处拨付基本建设资金100万元，事业费资金50万元。

1958年3月18日全国农业展览馆农场正式成立，为隶属于全国农业展览馆的事业单位，由全国农业展览馆国营农场馆副馆长陈锦余任全国农业展览馆农场场长，农垦部派来了农业技术员蔡鹏、会计员刘宝金、共产党员袁士臣等作为第一批农场员工。农场场部设立在从酒仙桥供销社借用的一个仓库里，开始了边建场边生产的创业工作。为了不误农时，陈锦余场长向国营北京市双桥农场、国营北京市南郊农场和国营天津市杨柳青农场求援，借用了3台拖拉机和5名拖拉机手，抓紧时间进行春耕。

在北京市政府、北京市东郊区政府和当地乡政府的支持和配合下，仅用了十几天的时间就完成了全国农业展览馆农场用地的征购工作。当年4月末，农垦部又向全国农业展览馆农场下放了45名干部作为农场的第二批员工。

当年，农垦部决定在北京建立一所全国农垦中等技术学校，为全国各大垦区培养一批既有理论知识又有专业技术和实践经验的青年农业技术干部。全国农垦中等技术学校的校长由农垦部生产局局长张省三担任，副校长由全国农业展览馆农场场长陈锦余担任，校址设在全国农业展览馆农场内。学校从1958年3月开始招生，到5月初，共招收学生157名。学校的教学方针是理论学习与生产劳动相结合，即一边学习农业技术理论知识，一边参加全国农业展览馆农场的筹建和农牧业生产。1959年1月，按照国家农垦部的部署，全国农垦中等技术学校从全国农业展览馆农场迁至国营北京市南郊农场的新校址。在这8个月的时间里，全国农垦中等技术学校的老师和学生们都为全国农业展览馆农场的早期建设和农业生产做出了很大的贡献。

1958年夏季，全国农业展览馆农场向北京市孵化场订购了第一批北京鸭共1200只，在亮马河边的坟地里搭建了3间席棚成立了农场养鸭场。

截至1958年末，全国农业展览馆农场共完成了总建筑面积9656平方米的基本建设工程，包括校舍、库房、畜禽棚舍和生产生活用房等。农垦部拨给农场拖拉机18台、奶牛40头、种马49匹、种猪80头、鹿茸鹿10头、种鸡种鸭1500只。农场当年农业播种面积达到2600亩，种植了小麦、玉米、甘薯、甜菜、胡萝卜、白菜、苏丹草等农作物，员工总数达到200人，组建了奶牛场、养鸡场、养鸭场和酿酒厂等企业，规模化国营农场初见雏形。

1958年11月，农垦部决定将全国农业展览馆农场、老爷山家禽场等一批部属农牧业事业单位下放至北京市农林水利局，全国农业展览馆农场成为北京市农林水利局的直属国营农场。

第二节　朝阳人民公社、星火人民公社和中德友好人民公社

1958年秋季，全国掀起了人民公社化运动。北京市开始推行合乡并社，取消乡级建制，组建大型人民公社。在这场轰轰烈烈的运动中，全国农业展览馆农场于1959年1月被并入朝阳人民公社，成为朝阳人民公社下属独立核算的国营农场。1959年4月，随着

人民公社化的升级，全国农业展览馆农场又随朝阳人民公社一起并入星火人民公社。1959年9月，全国农业展览馆农场场长陈锦余因工作调动而离任，星火人民公社任命王云华为全国农业展览馆农场的第二任场长。星火人民公社由5个高级农业社组成，包括117个自然村、42000亩耕地、40多个下属单位，主要种植粮食作物、蔬菜水果和进行畜牧业生产。

1959年10月，随着人民公社运动的进一步升级，全国农业展览馆农场又随同星火人民公社一起并入一个更大规模的中德友好人民公社。中德友好人民公社规模巨大，由多个人民公社合并重组而成，下设东坝、楼梓庄、平房、酒仙桥、金盏5个生产大队（每个生产大队的建制规模相当于原来的人民公社），全国农业展览馆农场被划归中德友好人民公社酒仙桥生产大队，并更名为中德友好人民公社酒仙桥生产大队二站。由于全国农业展览馆农场的干部素质较高，在合并重组之后，农场原场长王云华被调任中德友好人民公社主任，农场的一批中层干部也都被陆续调到中德友好人民公社总部任职。

当时全国农业展览馆农场已经具有了一定的规模，国有资产134万元、账面固定资产113万元、房屋建筑面积12000平方米、大型农业机具50台，农业种植和奶牛、生猪、鹿、马、禽类等畜牧业生产都在有序进行。但是，由于管理体制的频繁变化、农场领导层的陆续调整，以及农场国营体制与人民公社集体体制的碰撞和冲突，致使农场职工人心不稳，农场的生产资料被无偿占用，再加上当年的自然灾害等，使农场的生产经营遇到了亏损等很多困难。

第三节 国营北京市种畜场

1961年4月，根据北京市政府的部署，体量过于庞大的中德友好人民公社宣告解体，全国农业展览馆农场恢复了原来的名称和独立法人的身份。全国农业展览馆农场在业务上归属于北京市农林局领导，党组织关系归属于朝阳区星火人民公社党委。

1961年4月，朝阳区政府将星火人民公社下属的将台洼大队并入全国农业展览馆农场。

1961年6月，朝阳区政府决定将朝阳区政府所属的朝阳农场并入全国农业展览馆农场，同时决定将全国农业展览馆农场更名为国营北京市种畜场。同时明确了农场的经营方针为繁殖培育良种、推广优良种畜、农牧并举、多种经营。国营北京市种畜场在业务上归属于北京市农林局，在党组织关系上归属于中共朝阳区委。

国营北京市种畜场划分为总场即原全国农业展览馆农场部分、一分场即原朝阳农场和二分场即原将台洼大队。全场占地总面积 10899 亩，其中耕地 7626 亩，饲养奶牛 356 头、种猪 795 头、马 101 匹、绵羊 307 只、鹿 60 头、鸡 2047 只、鸭 5280 只、鱼 50 万尾。1961 年粮食总产量 390 吨、北京填鸭出栏 10762 只、推广种猪 1900 头、生产牛奶 368 吨、生产白酒 22.6 吨，全场职工 702 人，营业总收入为 169 万元。国营北京市种畜场已经发展成为一个具有一定规模和经济实力的国营农场。

第四节　国营北京市东坝农场

1964 年 8 月，国营北京市种畜场更名为国营北京市东坝农场，农场的经营方针不变，仍为以畜牧生产为主，以农业种植为辅，农牧结合。当年粮食总产量为 815 吨、牛奶总产量为 1010 吨、商品猪出栏 512 头，全场营业总收入 194.76 万元。

1964 年，北京市国营农场管理局成立，国营北京市东坝农场成为北京市国营农场管理局的直属国营农场。

第五节　国营北京市东风农场

1966 年 8 月，国营北京市东坝农场更名为国营北京市东风农场，经营方针调整为：以粮为纲、农牧并重、多种经营、全面发展。国营北京市东风农场是北京市国营农场管理局的直属单位。

1968 年 11 月，在北京市的机构调整中，撤销了北京市国营农场管理局的建制，原北京市国营农场管理局下属的各个国营农场全部被下放至当地的区县。国营北京市东风农场按照所在地原则被重新划归北京市朝阳区。

1968 年 12 月，北京市朝阳区革命委员会决定将国营北京市东风农场所属的一分场即原来的朝阳农场整建制划归朝阳区，更名为北京市朝阳区一零四干校，作为朝阳区区级机关干部下放劳动的场所（朝阳农场于 1979 年以后被重新划归北京市国营农场管理局成为其直属的国营农场）。

1978 年 8 月，根据北京市朝阳区委区政府的部署，朝阳区星火人民公社与国营北京市东风农场合并，组成北京市东风人民公社（国营北京市东风农场，两块牌子一套班子、国营集体合署办公），组成新的党委，开始实行场社合一、以场带社、党委统一领导、场社各自经营的中国特色国营农场管理体制。场社合并之后，东风农场新增加了 8246.8 亩土地、6 个自然村、16 个乡镇企业和 6325 名劳动力，极大地提升了东风农场的社会知名度，壮大了农场的综合经济实力，开阔了农场的经济发展空间，同时为农村集体经济带来了资金、技术和劳动就业岗位，逐步达到了以场带社、场社一心、优势互补、团结协作的良好工作局面。在同一个党委的领导下，农场和社队，全民经济和集体经济互相支持，比翼齐飞，场社经济不断发展，农场职工和社队农民的收入不断提高。

1979年3月，北京市恢复了北京市国营农场管理局（北京市长城农工商联合企业）的建制，国营北京市东风农场从所在的北京市朝阳区被重新划归北京市国营农场管理局领导，成为北京市国营农场管理局的直属单位。

1979年8月，中共北京市委农村工作部确定了对北京市国营农场管理局所属国营农场的管理体制：国营农场党委书记和场长由北京市国营农场管理局提出人选，经与所在区县党委协调同意后报北京市委农村工作部任免；国营农场党委副书记和副场长由北京市国营农场管理局提出人选，经与所在区县党委协调同意后由北京市国营农场管理局任免；同时挂人民公社牌子的各个国营农场的公社主任和副主任，按照法律进行选举和任命；公社主任和副主任视同于国营农场的场长和副场长。

1983年12月，北京市朝阳区东风人民公社召开第七届人民代表大会第二次会议。会议决定成立北京市朝阳区东风乡人民政府，将原来的场社合一、以场带社的管理体制变更为场乡合一、以场带乡、党委统一领导、场乡各自为政的管理体制。公社变更为乡镇，名称改变，体制内容基本不变。

1986年11月，经上级单位北京市农工商联合总公司批准，北京市东风农工商公司成立，与国营北京市东风农场并存，作为东风农场的经济实体，一套人马、两块牌子。

1998年9月，根据北京市人民政府关于北京市国营农场系统进行场乡体制改革的总体部署，国营北京市东风农场开始实施场乡体制改革，将东风乡政府及其所属的集体经济部分与东风农场的国有经济部分完全分割，东风乡政府及其所属的农村集体部分全部从东风农场脱离并划归朝阳区，国营北京市东风农场重新恢复了其原来的国有企业身份。1999年1月，国营北京市东风农场与朝阳区东风乡的场乡体制改革工作完成。

场乡体制改革完成以后，自2001年开始，东风农场的新领导班子逐步淡化使用带有浓厚计划经济色彩的企业名称国营北京市东风农场，并开始使用北京市东风农工商公司的企业名称。

第六节　北京三元置业有限公司

2001年7月，按照上级北京市农工商联合总公司的部署，北京市东风农工商公司与北京市通达房地产开发建设总公司进行合并重组并成立北京三元置业有限公司。北京三元置业有限公司取代北京市东风农工商公司和国营北京市东风农场成为东风农场的法人主体和北京市农工商联合总公司的全资二级企业。2003 年 2 月，北京三元置业有限公司按照现代企业制度和中华人民共和国公司法组建了公司的董事会并将企业的管理体制由总经理负责制调整成为董事会领导下的总经理负责制。

第七节　北京市东风农工商公司

2010 年 10 月，按照上级北京首都农业集团有限公司的部署，东风农场在企业名称和企业管理体制上再次进行了调整，恢复使用北京市东风农工商公司作为企业的主体名称，并将原北京三元置业有限公司所采用的董事会领导下总经理负责制的管理体制变更为企业法人总经理负责制。北京三元置业有限公司变更为北京市东风农工商公司所属的二级企业。北京市东风农工商公司成为北京首都农业集团有限公司旗下的全资子公司。

第八节　北京市东风农场有限公司

2017 年 12 月，按照上级北京首都农业集团有限公司关于推进全民所有制企业公司制改革的统一部署，北京市东风农工商公司由全民所有制企业改制成为国有一人有限责任公司并更名为北京市东风农场有限公司。

经过 60 年的历史变迁，东风农场的管理体制经过数次更迭，从国营农场体制到人民公社体制到场乡合一体制到纯国有体制再到国有一人有限责任公司体制。企业的经营内容经过多次调整，从农牧单一经济结构到农工商多产业多门类并举到农牧业完全退出、工业逐步退出、主打地产物流服务业，走过了一条曲折的发展道路。

截至 2017 年末，北京市东风农场有限公司旗下共有企业 26 家，职工在册 284 人，总资产 8.4 亿元。

第二章　农场管理体制及变迁

第一节　国营农场管理体制

自1958年诞生之日起，东风农场实行标准的国营农场管理和运营体制：场长负责制（有几个阶段实行了党委领导下的场长负责制）、全民所有制结构、国有土地划拨使用、生产经营自负盈亏、按照国家计划向市场供应农牧渔业产品、承担一定的社会责任、向社会展示国营农业的优越性、在行业内展示国营农场先进的生产技术和优良籽种种畜等。从全国农业展览馆农场、朝阳人民公社、星火人民公社、中德友好人民公社酒仙桥生产大队二站、国营北京市种畜场、国营北京市东坝农场到国营北京市东风农场，都基本沿用了国营农场的管理体制。

第二节　场乡（社）合一管理体制

1978年8月，根据北京市政府的部署，国营北京市东风农场与北京市朝阳区星火人民公社合并，挂国营北京市东风农场和北京市朝阳区东风人民公社两块牌子，正式开始了场社合一的管理和运营体制。该体制的特点是一个党委、一套班子、两个系统、两块牌子并行，以场带社，国营集体互为依托、互为补充。

在1978年场社合并之时，东风农场即东风人民公社隶属于北京市朝阳区政府。在1979年3月北京市国营农场管理局的建制恢复之后，东风农场即东风人民公社成为北京市国营农场管理局的下属单位。当时的东风农场即东风人民公社下辖东直门、麦子店、辛庄、六里屯、豆各庄、将台洼6个大队（村），土地总面积10平方千米，人口1万人，是首都重要的粮食蔬菜副食品生产基地。

场社合一管理运营体制的特点是：以国营农场较强的技术和经济实力带动农村集体经济；以农村集体丰富的土地资源和人力资源为国营农场的经营提供补充，为国营农场的发展提供空间。同时，国营农场除了自身的经营和发展之外，还需要承担更多的区域性社会责任，扶持、发展和壮大集体经济等。在场社合一体制运营期间，东风农场除了在农业技术、畜牧业技术、优良籽种种畜、资金等方面对集体经济提供支持以外，还承接了许多经济效益较差的集体企业并将其转制为全民所有制企业，同时还安置了许多农民工作为“上调场员”到农场的国营企业工作。1985—1995 年，根据北京市朝阳区的规划调整，东风农场先后四次将 4298 亩土地划拨给处于建设中的朝阳公园，其中国有土地 1556 亩，集体土地 2742 亩。这些土地基本上都是农业生产用地，同时将当地的 2653 名农民转为城镇居民，将 1619 名农村劳动力转为国企正式职工。为了妥善安置这批农转工人员，东风农场出资收购了翔天服装厂、欣华服装厂、金漆镶嵌厂、玻璃制品厂、畅远袜厂 5 家当地的乡镇集体企业并报北京市计划委员会批准将其转制为全民所有制企业。这种以场带社的国营农场运营模式曾经在全国的农垦系统得到普遍的推行并被证明是行之有效的、经济效益好、社会效益优、国营集体实现双赢的运营模式。

1983 年 12 月，按照中央政府的部署，在全国农村取消了人民公社，建立起了乡镇政权和乡镇管理体制。北京市朝阳区东风人民公社变更为北京市朝阳区东风乡。由此，场社合一的体制变更为场乡合一的体制，其管理体制和运营模式没有较大幅度的改变。

1978 年，自朝阳区星火人民公社与国营北京市东风农场正式合并时起，新机构名称北京市朝阳区东风人民公社与国营北京市东风农场并列，启用东风人民公社党委的新印章，原国营北京市东风农场和原朝阳区星火人民公社两个单位的党委会和革命委员会合并为新的党委会和革命委员会。东风人民公社的总部机关设立在东风农场的场部与东风农场合署办公。

1983 年 12 月，根据北京市朝阳区委区政府转发的关于实行政社分开建立乡镇政权的意见，东风人民公社召开了第七届人民代表大会第二次全体会议，决定取消人民公社的称谓，组建了北京市朝阳区东风乡政府，选举产生了乡长副乡长，从此人民公社退出了历史舞台。

1978 年合并成立北京市朝阳区东风人民公社（国营北京市东风农场）时总部机关的机构设置：政工组、生产组、财务组、工副业组、畜牧水产组、办事组、文教组、联办组、武装部、信用社、粮食办、团委等。1980 年，总部机关进行调整，撤销文教组和联办组，新设立劳资组、畜牧组、农机组、工青妇联等。1981 年，总部机关再次调整，将组改为科，政工组改为党委办公室，办事组改为行政科，生产组改为农业科。1984 年以后，总部机关增设组织科、宣传科（下设乡文化站）、纪委、居民科、经管科、企业办公室、农村科、安保科、监察科、计划生育办公室、司法科、能源科、统计科、市容监察室等。1992 年以后，根据实际需要，总部机关进行了不断的调整：将东风乡政府办公室与东风农场办公室合并，党委办公室、农场办公室和乡政府办公室三办合一；开发办公室与企管科合并为经营开发办公室；组织科、宣传科、团委、妇联合并为组宣科；增设民政科、审计科、外经外贸科、生产安全科、东风乡综合整治办公室等。

第三节　场乡体制改革后的管理体制

1998年9月，根据北京市政府的决定，在北京市农工商联合总公司系统内实施国营农场的场乡体制改革。场乡体制改革的宗旨是将北京市农工商联合总公司系统内的所有农村乡镇政府、村落、集体企业、土地、农民、配套服务设施及资产全部剥离并划归属地的区县。按照此政策，国营北京市东风农场也将原本为一体的东风乡政府及其所属的麦子店、将台洼、豆各庄、辛庄等6个村落、相关集体企业、资产、土地、配套服务设施等一并从农场剥离并划归北京市朝阳区。

在东风农场的场乡体制改革过程中，北京市农工商联合总公司暨国营北京市东风农场与北京市朝阳区政府暨东风乡之间在土地资产的认定和划分中存在着很大的争议，致使原定的“东风农场场乡体制改革土地资产划分方案”未能全面履行。为了顾全大局，确保东风农场的场乡体制改革工作顺利进行，东风农场和东风乡政府决定将有关土地资产划分中的争议暂时搁置并于1998年11月26日签署了“东风农场、东风乡体制改革第一阶段有关事项的协议”，使东风农场的场乡体制改革得以基本完成。

在东风农场的场乡体制改革工作中，首先在总部机关对职能科室和干部进行了剥离。按照北京市政府关于场乡体制改革的统一部署和“人随岗走”的原则，东风农场和东风乡对总部机关进行了“分家”。在原总部机关的42个科室中，划归东风农场的科室为21个，干部98人，其中场级领导干部5人；划归东风乡的科室为21个，干部81人，其中场级领导干部4人。

场乡体制改革完成之后，东风农场脱胎换骨，还原为一个纯粹的全民所有制、自负盈亏、以生产经营为主体的国有企业。

中国农垦农场志丛

第二篇

产　业　篇

作为北京农垦系统的一个组建较晚（1958 年）而且距离北京城区最近的国营农场，东风农场的产业构成和经营主线在 60 年之中经历了翻天覆地的变化。在经年不断的变化中，东风农场始终紧扣时代的脉搏，紧随国家的经济发展和改革开放的大政方针而不断进行自我的有效调整。

东风农场的产业发展和变迁主要分为四个阶段：

第一阶段是实行单一的农牧业生产活动，在城郊的土地上开创现代化农牧业。首先是作为全国农业展览馆的附属示范基地，东风农场种植良种粮食作物、饲养良种奶牛和种猪，向全国的农业展示先进的农业种植技术和粮食品种、先进的农业机械化技术和设备设施、先进的畜牧业繁育技术和优良种畜等；之后又陆续发展了果园、家禽场和养鱼场。作为首都近郊重要的农副产品生产基地，东风农场向首都市场提供了丰富的农副产品，同时通过以场带乡的方式，向周边农村集体经济展示全民所有制农业的先进性并以国营农场在农牧业方面的科技优势支持和带动周边农村经济一起发展。

第二阶段是一产二产并举。东风农场根据市场的需求，在保持农牧业生产良好势头的基础上，积极创办和发展工业生产并用工业的利润和积累反哺农业，缩小剪刀差。自 1971 年以来陆续组建了化肥厂、制药厂、机械厂、服装厂、食品厂、印染厂等一大批企业，其中东风制药厂、东风机械厂和翔天服装厂都曾经在行业内享有盛名，其产品也曾在市场上获得较好的声誉。

第三阶段是一二三产并举。在改革开放初期，东风农场利用国家优惠的政策和农场自身的资源优势，大力发展社会服务业和中外合资合作企业。1984 年 7 月，东风农场与中国体育服务公司、日本广济堂株式会社和日本东工物产株式会社合作组建了中国第一个高尔夫俱乐部；1985 年 2 月东风农场与日本东京朝阳贸易株式会社合作组建了北京朝阳公寓。这两个中外合作企业都是中国政府在改革开放初期批准设立的最早一批外资企业。

第四阶段是一产二产全面退出，东风农场彻底转型为商业地产、物业、社会服务业企业。随着首都城市化进程的快速发展，截至 1995 年，东风农场国有部门的农牧业全面退出。到 2005 年，东风农场的工业制造业全部疏解。东风农场成为北京农垦系统中第一个没有农牧业和工业制造业的国营农场，彻底转型为商业地产开发、物业租赁及社会服务业式企业。

第三章　种植业

第一节　粮食作物

作为首都城郊型国营主粮生产基地，东风农场自建场之初就开始从事粮食等农作物的种植。全国农业展览馆农场在起始阶段拥有3300亩农耕用地。自1958年3月建场伊始，场长陈锦余、技术员蔡鹏和拖拉机手袁士臣等就开始了边建场边生产的创业，向国营天津市杨柳青农场、国营北京市双桥农场和国营北京市东郊农场借来拖拉机等大型农业机械和拖拉机手进行开垦和耕耘，当年的农作物播种面积就达到了2600亩。1961年4月和6月，随着将台洼大队和朝阳农场的先后并入，东风农场的农耕用地（全部为水浇地）总面积达到8800亩，主要种植水稻、玉米等粮食作物和甜菜、甘薯、苏丹草等饲料作物，1965年的粮食总产量为1300吨。当时农场组织建制为一个总场两个分场，一分场为朝阳农场，二分场为将台洼大队。其中一分场和二分场的主营业务就是种植大田粮食作物。

1978年东风农场与朝阳区星火人民公社合并成立东风人民公社，进一步扩大了农业生产规模，在种植业方面调整了生产结构和分工：全民所有制的国营农业由原来的粮食与饲料并重调整为以种植饲料为主，集体所有制的社队农业则以种植粮食作物为主。

自建场起至1986年期间，东风农场耕种的粮食作物主要为小麦，种植面积在1000亩左右，种植品种包括北京15、京双1号、红粮12、农大139等，全部为优良的小麦品种。农场每年生产的小麦全部作为优质小麦种子上交国家种子库。

1986年以后，在东风农场的国营种植产业中，粮食作物全部终止。在所有的2100亩耕地上全部种植青贮饲料包括大麦、玉米和高粱等。同时，农场在农业机械化方面也有很多建树：农场的农机队通过自主研发，改装和制作了青贮收割机等多种农业机械设备，在农场的种植业中全部实现了机械化生产，实现了耕、粑、播、中耕、打埂、喷药、施肥、收割、粉碎、运输、入窖一条龙的机械化作业。到1989年，农场农机队拥有各种农机车辆20多台，农业机械的总功率达到1452马力*。东风农场的种植业大田全部实现了农业

---

* 马力为非法定计量单位，1马力=735瓦特。——编者注。

机械化的生产作业。值农耕和收获季节，在东风千亩大田里农机轰鸣和全程机械化作业曾经是当年北京郊区农业生产中的一个著名景观。

1978年场社合并以后，东风农场在经济规模和体量上达到了最大化。当时东风农场的农村集体经济中共有5个大队24个生产队从事农业生产，耕地面积为7235亩。东风农场农村集体部分的粮食作物种植面积有1200亩，主要种植小麦和水稻。小麦的品种主要为401、437和京双16，经过农场科技人员的提纯复壮，培育出大量的高产优良品种。1980—1989年，农场集体部分的小麦持续高产，曾经达到亩产400千克以上。每年小麦总产量近200吨，全部由北京市朝阳区种子站收购入库，作为小麦良种备用。农场集体部分的水稻经过良种选育，每年都获得丰收，年均亩产达到460千克，全年水稻总产量近200吨，水稻的品质在北京市农业行业内名列前茅。

自1990年以来，随着北京城市建设的突飞猛进，几乎每年都有相当数量的农耕用地被政府征用作为城市基础设施建设、公园建设、住宅建设和绿地建设等用地，东风农场的农业种植面积在不断缩小。1995年4月，东风农场国有企业系统中的粮食作物种植业和养殖业全部退出。1997年，东风农场所属乡镇集体经济中的粮食作物种植业全部退出。有关资产处置、人员安置及由于农业退出所产生的遗留问题，统由农场新组建的北京宏宝源商贸公司负责处理和解决。

第二节　蔬　　菜

东风地区的商业化蔬菜种植拥有悠久的历史，可追溯至民国初年，但是大面积大规模的蔬菜生产是从1978年场社合并开始的。1978年，东风农场的蔬菜种植总面积达到4900亩，1988年又扩展了800亩，平均亩产5000千克蔬菜，全年可为首都市场提供新鲜蔬菜2.5万吨。东风的蔬菜生产主要采用温室大棚，可采用反季节的方式生产，保证蔬菜供应的新鲜和均衡，共种植有20多个蔬菜品种。

东风农场科技站是菜农从事蔬菜生产的坚强后盾。科技站积极引进优良蔬菜品种，大力推广先进种植技术，使农场的蔬菜产品持续保持高产优质，多次受到北京市政府和上级北京市农工商联合总公司的表彰和嘉奖。

随着北京城市绿化隔离带的建设和朝阳公园的建设，大量的蔬菜种植用地被陆续征用。东风农场的蔬菜种植于1998年完全终止。

第三节　果　　树

东风农场的果树种植始于建场之初。东风果园总面积200亩，主要种植苹果，通过精耕细作，使东风果园的苹果品相好、品质优、售价高，取得了很好的经济效益。1983年东风果园引进了新型的短枝型苹果品种，高产优质，成为首都北京水果产业中的佼佼者。

随着住宅建设、绿地建设和城市基础设施建设对土地的征用，东风果园在1999年停产，完成了其历史使命。

第四节　花　　卉

东风农场的花卉产业始于1985年，最初建设了一个100平方米的温室，开始育苗并种植盆花和绿植。1988年成立了东风花木园艺场，建温室600平方米，种植多种绿化苗木包括银杏、国槐、悬铃木、枫树、油松、桧柏、云杉等乔木和紫薇、金银木、紫荆、碧桃、榆叶梅等灌木以及多种室内观赏植物。1989年和1990年又从世界最大的花卉生产国荷兰引进了大量的百合球茎和剑兰球茎，丰富了首都的花卉市场。东风花木园艺场承接了东苑公寓、北京青年政治学院、东风小区等多个园艺绿化工程项目，同时对人民大会堂以及京城一些高档宾馆酒店提供鲜花绿植的租摆服务。1989年秋季，东风花木园艺场承接了全国花卉博览会主会场的花卉布展，取得了圆满成功。

1998年8月东风花木园艺场更名为东风花木公司，在新址建成花卉温室150平方米，同时建成了一座总面积为2050平方米的室内花卉交易市场。

第四章　养殖业

1958年建场之初，全国农业展览馆农场的经营宗旨中包括向全国的农业系统展示先进的畜牧业养殖技术和优良的畜牧品种，农场的养殖业由此发源。1958年下半年，国家农垦部从全国各地为全国农业展览馆农场调集了一批优良种畜，其中包括黑白花奶牛40头、种马49匹、种猪80头、梅花鹿10头、10个优良品种的种鸡1500只。农垦部还为农场专门从苏联引进了黑白花奶牛19头、大白种猪44头、高加索种猪15头。这些优良品种的种畜为东风农场养殖业起步和发展奠定了良好基础。

为了与养殖业配套，东风农场在农耕用地中分设了畜牧饲料用地，种植甜菜、玉米和苏丹草作为奶牛、种猪的饲料。同时还开办了一个小型酿酒厂，除了向市场供应白酒外，还可向畜牧场提供大量的酒糟精饲料。

1961年6月，继退出中德友好人民公社并恢复国营农场建制之后，东风农场更名为国营北京市种畜场，确定的经营方针为：繁殖培育良种、推广优良种畜、农牧并举、多种经营。养殖业成为农场的主业。

自1958年建场时开始创建和经营养殖业，一直到20世纪90年代初期随着首都城市建设的发展而使农场的养殖业彻底退出，东风农场的养殖业始终在北京市国营农场系统乃至全国的国营农场系统中居于技术领先的地位。

第一节　奶　　牛

东风农场的奶牛养殖业起源于建场初期从苏联引进的19头黑白花奶牛和从上海调集的40头黑白花奶牛，由此组建了东风农场的第一个奶牛场。

东风农场所属东风奶牛场是一个中等规模的奶牛场，从建场之初到1979年饲养奶牛在300头左右。到1989年逐步发展成为500头奶牛的规模，年鲜奶总产量为2100吨。东风奶牛场规模虽小但管理水平始终在北京市国营农场系统中位居前列。奶牛场场长张守仁是学畜牧的大学生，自1958年从农业部调到农场工作以来，几十年如一日，兢兢业业、恪尽职守、钻研技术、优化管理，使奶牛场的经营管理、养殖技术、奶牛品质和牛奶质量始终位于同行业的较高水平。

东风奶牛场在奶牛生产相关技术的科研方面也取得了很多成就。其一是在国家科技部门的支持下，成功制造出兽用绒毛膜促性腺激素，在治疗奶牛不育症方面取得了很好的疗效；其二是通过选种选配为北京市奶牛研究所所属的种公牛站培育了多头优良的种公牛；其三是率先安装了管道挤奶机，实现了奶牛场生产的机械化；其四是针对奶牛易患的白血病进行遗传因素的研究，对奶牛的染色体进行观察、研究和病理分析，从而获得精准的数据用于在全市范围内有效的预防和诊断奶牛白血病；其五是受北京市科委的委托，承担了生产新生犊牛血清的任务，犊牛血清可广泛应用于生物工程和医学研究。东风奶牛场于1984年建立了血清室，完善了犊牛血清生产的全部工艺流程。经国内专家群体鉴定，东风奶牛场的犊牛血清产品具有世界领先水平，在8年的时间内共生产优质犊牛血清200万毫升，全国各地的科研院所踊跃订购，为国内的生物遗传工程研究和医学医疗做出了突出的贡献。

1994年，按照北京市城市建设总体规划的要求，东风奶牛场，这个距离北京城区最近的优质奶牛基地正式关闭。

第二节　禽　　类

1958年建场之初，东风农场就建立了规范化的种鸡场和孵化室。当年作为全国农业展览馆的附属农场，为了向全国的农业系统展示优良的畜禽品种和先进的饲养技术，国家农垦部从全国各地调集了10个优良的肉鸡和蛋鸡品种共1500只交付农场饲养。这10个品种包括来杭鸡、澳洲黑鸡、洛岛红鸡、芦花鸡、山东寿光鸡、湖南桃源鸡、浙江萧山鸡、江苏狼山鸡、北京油鸡、乌骨鸡。当时的养鸡产业规模不大，主要是为全国农垦系统提供优良品种的种鸡。

东风农场从1981年5月开始大力发展商品肉鸡和蛋鸡产业，全场投资建设了12个养鸡场，在1986年达到养鸡产业的高峰，年出栏蛋鸡6万只，肉鸡20万只，同时还组建了一个扒鸡厂，从良种鸡的繁育、饲养、屠宰到深加工，实现了养鸡产业链的全覆盖。东风鸡场所生产的鸡蛋、肉鸡和扒鸡都在首都副食品市场享有良好的声誉。

东风农场畜牧科有一支优秀的技术队伍。在当时主管畜禽生产的副场长谢运的带领下，畜牧科的科技人员深入各个养鸡场，推广科学、先进的饲养技术，大力扶持养鸡场的生产，对基层鸡场实行“五包”责任制，即包联系鸡雏、包防疫、包饲料、包饲养管理和包养鸡设备，极大地推动了东风农场国营和集体养鸡产业的健康发展。同时，农场畜牧科还利用自己成熟的技术，向国内各地的养鸡行业提供关于科学养鸡的技术咨询服务，取得了良好的经济效益和社会效益。

由于国家征地和农场的产业结构调整，东风农场的养鸡产业于1997年全部退出。

同样在1958年夏季，全国农业展览馆农场从北京市孵化场订购了1200只北京雏鸭，在亮马河边搭建了三间席棚，组建了第一个北京鸭养殖场，并于当年出栏了700只北京填鸭供应首都烤鸭市场。由于每天在亮马河面上放鸭，雪白鸭群在河中戏水，“白毛浮绿水，红掌拨清波”成为当时亮马河上的靓丽景观，经常会吸引大批路人驻足观赏。

1961年，东风鸭场的规模得到了进一步的扩大，达到了年出栏北京填鸭1万多只。1963年末，由于经营亏损，东风鸭场停产。

第三节　养　马

东风农场的东风马场建于1958年。当时的方针是：使役与繁育相结合，既为本场的农业生产活动提供役马又面向全国繁育良种骏马。东风马场自建场以来，用了20年的时间繁育和饲养国内外最优良的骏马，品种包括顿河、奥尔洛夫、苏高雪、苏重挽、小俄罗斯、阿拉伯、三河、蒙古和伊犁9种，畜群最大时达到188匹，每年生产40～50头健康的小马驹。东风马场多年来共繁育马驹414匹，出栏成年马462匹，一方面为农场的农业生产提供了充足的畜力，另一方面也为全国的养马行业提供了大量的良种骏马。在当时，一匹良种骏马的市场价格相当于一辆解放牌大卡车。由于农场的产业调整，东风马场于1977年关闭。

第四节　养　鹿

东风农场的东风鹿场建于1958年。当时由国家农垦部从辽宁省为农场调配了10头梅花鹿。由于经济效益较好，东风鹿场得以不断稳步发展，从一个小鹿圈扩大为占地80亩的鹿场，鹿群从10头发展到500多头，鹿茸生产从年产15千克增加至200千克。东风农场的养鹿产业在北京市农垦系统独树一帜，成为东风农场的明星产业。由于农场产业调整，东风鹿场于1988年停产。

第五节　养　鱼

东风农场自建场初期就开始利用区域内的自然水塘（主要是过去烧砖取土产生的水

坑）养殖淡水鱼。经过不断扩充，最多时养鱼水面达到880亩，养鱼50万尾。东风渔场发挥自己的科技优势，科学养鱼打造高产鱼塘，同时在鱼塘里养殖牛蛙和培育淡水珍珠，同时开展窖冰和休闲垂钓等多种经营，获得了较好的经济效益。由于朝阳公园建设征用了东风渔场的鱼塘，农场的养鱼产业于1995年全部退出。尔后东风渔场的鱼塘全部改造成为朝阳公园的内湖。

第六节　养　　猪

1958年夏季，国家农垦部为全国农业展览馆农场从苏联进口了大白猪44头、高加索猪15头，从辽宁、河北和陕西调配了优良种猪80头，打下了东风农场养猪产业的基础。

东风养猪产业初期的经营方针是培育优良品种的种猪，每年出栏近2000头种猪供应北京地区乃至全国的畜牧行业，尔后又增加了商品猪的生产，既向农村养猪场提供良种仔猪，又向首都市场提供优质猪肉。20世纪90年代初，农场投资在将台洼建设了一个年屠宰10万头商品猪的大型屠宰加工厂，实现了养猪产业链的全覆盖。

1978年场社合并以后，东风农场农村集体经济的养猪产业发展迅猛，农村集体经济的24个生产队，队队有养猪场，年商品猪出栏达到5000多头，极大地丰富了首都市场。20世纪90年代中期，随着城市建设发展、乡域规划和产业调整，东风的养猪产业陆续终止了。

第五章　工业制造业

东风农场的工业制造业即第二产业的形成和发展可分为两个阶段：第一阶段是1958—1978年，东风农场本着“为农牧业服务”的方针，对发展第二产业进行了积极的探索：1959年建立了一个小型酿酒厂，使用农场自产的甘薯、甜菜、玉米等农作物作为原料，年产白酒45吨，同时还产出大量酒糟等副产品作为农场畜牧业的精饲料。1970年筹建东风磷肥厂，年产磷肥3000吨。1971年成立东风制药室，在中国科学院遗传研究所专家的指导下，研制和生产绒毛膜促性激素，填补了国内同类产品的空白，对解决鱼类的孵化和畜牧动物不孕症等具有良好的效果。东风制药室经过不断发展，后来成为具有相当规模和行业影响力的东风制药厂。1973年成立东风农机修配厂，铸造水泵泵体和生产电焊机，其水泵和电焊机等产品成为当时市场上供不应求的优质产品。东风修配厂后来不断发展壮大，成为颇具规模的东风机械厂。第二个阶段是自1978年以来，东风农场确定了大力发展工业制造业的方针。在场社合并之后，农场党委一手抓农场国有工业，一手抓农村集体工业，全场的工业制造业进入了发展的快车道。在这个阶段，围绕为农牧业服务并充分利用自有资源优势，东风农场相继组建了东风冷饮食品厂、东风绣片厂、东风豆制品厂、东风禽蛋肉加工厂、东风首饰厂、东风琉璃制品厂、华艺金漆镶嵌厂、东风服装厂、翔天服装厂、东风远红外器材厂、东风建材厂、星火水泥构件厂、华泰塑料厂、北京市第三印染厂、东风扒鸡厂等26个工业生产企业，年营业总收入2000万元，成为农场经济的重要组成部分。

东风农场作为北京农垦系统距离城市中心最近的国营农场，将农牧业向工业转移即“退一进二”是大势所趋。东风农场凭借自己的地缘和资源优势，广招贤才广聚投资，把工业发展得有声有色。很多工业企业和工业产品都是北京市乃至全国同行业中的佼佼者。

进入21世纪，北京市的城市规划和农场的产业结构进行了大规模的调整。在此背景下，东风农场的工业制造业于2005年全部退出。

第一节　食品加工

作为农牧产业生产链的有效延伸，为农牧业初级产品进行深加工的食品加工业曾经是全国国营农场系统发展工业项目的首选。东风农场的食品加工业始于建场之初。

1959年初，全国农业展览馆农场在亮马河畔成立了一个小型白酒酿造厂，使用农场种植的甘薯、玉米、甜菜等农作物作为原材料，蒸馏和酿造高纯度的白酒，当年生产出白酒45吨、糖1.69吨、淀粉110千克。1961年白酒厂产出白酒22.57吨以及可供奶牛场和种猪场用作精饲料的酒糟274吨。

东风豆制品厂：东风豆制品厂组建于1981年，生产豆腐和豆制品直接供应朝阳区供销合作社所属的17个网点，基本覆盖整个朝阳区市场，满足了朝阳区居民的消费需求。同时，还将大量的豆渣作为优质精饲料供应东风奶牛场、东风养猪场和东风渔场。

东风冷饮食品厂：东风冷饮食品厂于1985年组建，主要使用东风奶牛场自产的优质鲜牛奶加工制作冷饮食品，同时生产其他食品并经营冷库储存业务。1985—1989年累计盈利52万元。但自1990年之后，该厂由于经营管理不善等原因出现连续亏损，到1998年已经累计亏损471万元。在东风冷饮食品厂的组建和运营期间，东风农场陆续投入了资金287万元用于更新设备和提高产品质量但始终没有扭转亏损的局面。由于连续亏损且扭亏无望，东风农场党委决定于1998年7月对北京市东风冷饮食品厂进行终止清算。

东风扒鸡厂：东风扒鸡厂于1985年组建，对东风农场系统内的12个养鸡场繁育出栏的肉鸡进行屠宰和深加工。东风扒鸡厂所生产的扒鸡等鸡肉制品曾经在首都市场享有很好的市场声誉。

第二节　化工制药

东风农场的化工制药产业以东风制药厂为主。

1971年1月，东风农场从农业队抽调10人拨款8000元成立东风农场制药室，在中国科学院遗传研究所专家的指导下研制绒毛膜促性腺激素，以解决奶牛不孕症和养鱼场人工孵化等问题。1971年6月绒毛膜促性腺激素研制成功并开始小批量生产，1972年生产了1万支兽用绒毛膜促性腺激素。1973年，东风制药室开始生产鹿茸精，并购置了第一台真空冷冻干燥机，建立了无菌室，初步具备了生产人用药品的条件和资质。

1975年9月，东风制药室正式更名为北京东风制药厂并试制成功促黄体激素、促滤泡激素、妊娠诊断试剂、兽用穿心莲和坐痛宁注射液等药品。1977年东风制药厂与北京大学合作，研制成功胸腺肽并获得北京市卫生局临床成果三等奖。

1978年6月，东风制药厂接收了中国人民解放军58032部队的长江制药厂并无偿受让了该厂的全部固定资产。当年12月开始生产人参蜂王浆并接收了从北京大学制药厂无偿转让的价值200万元的制药设备等固定资产。

1982年之前，东风制药厂是单一生产型企业，其产品由医药部门统购包销。1982年以后，东风制药厂开始产品自产自销，成立了本厂的销售部门，陆续在全国各地建立了2500个销售网点，并将产品打入欧美日及港台等23个国家和地区。

1986年，东风制药厂成为北京市农工商联合总公司系统中第一个实行厂长负责制的国营企业，徐亦农被任命为厂长。到1990年，东风制药厂已经发展成为厂区占地53000平方米、厂房面积3700平方米、固定资产3700万元、职工1400人的国有大型企业。1987年，东风制药厂成立了制药研究所，到1991年末共研制开发出140多个医药新品种。1988年产值上亿元，利润660万元，进入全国制药行业前50名。东风制药厂研制生产的“胸腺肽”和“转移因子”成为提高人体免疫力的特效药，荣获国家卫生部的科技成果奖。东风药厂的拳头产品“人参蜂王浆”和“维生素E蜂王浆”荣获中国新星奖和世界蜂产品博览会金奖。东风制药厂研发的“奇效止鼾灵”和“蚊敌”等产品荣获1990年美国国际发明博览会成就奖。

自1993年开始，东风制药厂在生产经营中凸现危机，主要因素为市场竞争加剧、工厂扩建速度过快、商业信贷财务成本过高、新产品研发滞后、三角债拖欠货款等，致使企业严重亏损，东风制药厂一度出现非常困难的局面。为了走出困境，东风农场党委决策部署东风制药厂与中国三九集团和北京万森产业联通股份有限公司合作，由三九集团和万森公司以承债的方式对东风制药厂进行合并重组。1997年4月，三九集团和万森公司对东风制药厂合并重组完成，成立北京三九万东药业有限公司，由东风农场持有该合营公司的10%股权。由此，东风制药厂翻开了新的一页。

第三节　机械制造

东风农场的机械制造业主要是东风机械厂。

1967年，东风农场在机务队修理班的基础上成立了修配厂，负责对全场的农业和运输机械设备进行维修保养。为了增加收入提高经济效益，修配厂于1968年组建了机加工班和翻砂班，同时建立了一个翻砂铸造车间，主要是为北京市电机总厂铸造各种型号的电机端盖。修配厂的铁铸造工艺日臻完善，完成了从机械维修到机械制造的产业升级。从1972年，修配厂开始铸造铝制品，并承接更多的外部机加工业务，在北京市机械制造行业中具有一定的影响力。

1976年12月，东风修配厂正式更名为北京市东风机械厂并取得了企业法人营业执照，法定代表人陈健，注册资本 230 万元人民币。

1986 年自叶复兴担任厂长以来，科学管理、开拓进取、术业专攻、严格质量。企业进入了发展的快车道，销售收入和利润等主要经济指标连年递增。当时的主打产品是为北京汽车制造厂所生产的 130 和 212 等汽车发动机所配套的水泵总成，主要供应全国各地的汽车修理厂和汽车配件商店。另一拳头产品是为北京工艺美术厂和北京模具厂生产电动软轴雕刻机。该电动软轴雕刻机填补了国内机电产品的空白并为此获得了北京市科技成果二等奖。1987 年东风机械厂被上级北京市农工商联合总公司授予先进单位的光荣称号。

1994 年以来，东风机械厂的经营开始出现较大的困难，其中主要有：①由于管理不严格，造成产品入库出库销售管理混乱，产生一定的库存损失。②为了给东风农场的房地产开发让路，机械厂连续四次仓促搬迁，造成库存原材料和产成品严重损失。③机械厂曾经投资兴办过三个三产型企业，但由于管理混乱致使这三个企业从开办到关闭的财务账册全部丢失。④机械厂后期产品老化、市场萎缩、销售业务人员流失，造成很多货款尾款无法追索。⑤由于市场变化和产品老化致使库存成品、半成品及零部件大幅度贬值。⑥1993 年东风农场与香港富达公司合资建立北京金达塑料制品有限公司，后因经营不善关闭。东风农场决定将该合营公司的人员和资产并入东风机械厂从而产生资产损失。以上各项共造成东风机械厂资产损失 449 万元人民币。鉴于此，北京市东风机械厂于 1999 年终止运营。

第四节　服　　装

东风农场的服装制造业以翔天服装厂为龙头，形成了包括东风服装厂、欣华服装厂、东风福利毛纺厂、畅远袜厂、北京第三印染厂等在内的东风服装纺织印染产业集群。

翔天服装厂原为东风乡六里屯大队水东生产队的村办集体企业，1985 年转制成为国有企业。厂长杨宝臣率领十几个人白手起家，艰苦创业，聘请服装行业的专业裁缝人才、北京百货大楼和西单商场的专业经营人才、中央美术学院的专业设计人才等组成专业团队，生产出高品质的系列服装，打造出自有的“兰野”品牌系列服装。“兰野”牌夹克衫等系列服装多次在全国服装大奖赛中获奖，翔天服装厂在 1987 年全国 22 个服装厂的综合评比中夺冠，企业的营业收入和利税等经济指标连年递增。厂长杨宝臣于 1984 年和 1989 年两次被评选为北京市劳动模范。

第六章　物产物流和社会服务业

东风农场是北京市国营农场系统中距离城市中心最近的城郊型国营农场。在改革开放的历史阶段，随着首都北京城市建设的快速发展和城市规划的大规模调整，其区位地理优势和土地资源优势日益凸现。东风农场的一产农业种植业和畜牧业于1995年完全退出，二产工业制造业于2005年完全退出，东风农场由此成为北京市国营农场系统中第一个既没有农牧产业，又没有工业产业的国营农场。至此，东风农场已经完全转型成为一个专营物产物流社会服务产业的国有企业集团。

东风农场的物产物流社会服务产业始于1981年，当年组建了第一个第三产业性质的东风商亭，职工10人，营业面积120平方米，销售副食和烟酒糖茶，当年开业当年盈利。在20世纪90年代，随着农牧产业和工业产业的逐步减量，东风农场的物产物流社会服务业得以迅速发展，相继建成了豆各庄加油站、华特商场、升华出租汽车公司、升华旅馆、升华公寓、海豹出租汽车公司、辛庄商业街、东风集贸市场、东风菜蔬批发交易市场、东风粮油批发交易市场、东风花卉交易市场、东风马术俱乐部、酒仙饭店、三元宾馆、朝阳公寓、东苑公寓、朝阳高尔夫俱乐部等一大批社会服务业项目。到1997年，东风农场的社会服务产业已经基本成型，社会服务型企业总数为41个，年营业收入上亿元人民币。

在场乡合一期间，东风农场在调整产业结构，发展社会服务产业的过程中，坚持国营集体不分家，统一管理、统一规划、统一调整、统一发展。为了集中人力物力财力和充分利用资源优势，东风农场于1994年关闭了东风奶牛场，1995年撤销了国营的农业队、农机队、果树队、渔场等单位，成立了宏宝源商贸公司，把原属第一产业的土地、资金、人力、资产、物业等集中起来，由宏宝源公司进行统一规划和统一管理，发展仓储物流，开发建设东风小区商业服务配套设施和东风商业一条街等社会服务业项目。

1993年以来，东风农场还有计划地将经营效益不好的二产工业制造业企业调整转化为三产社会服务型企业。经营亏损的东风服装厂通过将临街的房屋改建成商业用房对外出租而一举扭亏为盈，而后又将新建的厂房全部用于仓储物流而获得较高的收益。东风福利毛纺织厂、华泰塑料制品厂、东风首饰厂等企业都通过调整主业，从二产平稳过渡到三产而实现扭亏为盈。

东风农场在从一产、二产向三产的产业结构调整过程中还着力培育新的经济增长点，如新组建海豹出租汽车公司、将原来的养鱼场升级改造成为休闲垂钓游泳健身中心等。东风农场还组建了东风物业管理中心，对农场所属 11 万平方米建筑面积的职工宿舍小区进行现代化、专业化、社会化的物业管理，为以后区域性房地产开发打下基础、积累经验。

进入 21 世纪以来，随着首都城市建设的发展、区域规划的调整和上级北京市农工商联合总公司（北京三元集团有限公司）所部署的企业重组，东风农场进一步对全场的产业结构进行了大规模的调整。2001 年初，东风农场正式更名为北京市东风农工商公司，不再使用国营北京市东风农场的名称。2001 年 7 月 14 日，上级北京市农工商联合总公司宣布北京市东风农工商公司与北京市通达房地产开发建设总公司进行合并组建北京三元置业有限公司，成为北京市农工商联合总公司系统内第一个以商业地产开发为主业的专业性公司。

北京三元置业有限公司自成立以来，本着“产业置换、扶优扶强、有进有退”的原则，不断深入调整产业结构，对东风机械厂、金漆镶嵌厂、东风汽车修理厂、大通机电产品中心、马术俱乐部等亏损企业进行关停并转，腾出土地资源进行房地产及配套商业服务设施的开发建设，最终用三产取代了二产。北京三元置业有限公司相继开发建设了东山墅高端别墅项目、南十里居写字楼项目、东润枫景住宅项目、回龙观和谐家园经济适用房项目、看丹苑住宅项目、顺义南法信东港鑫座写字楼项目、三元科技研发中心、东山公寓等一批具有社会影响力的优质商业地产项目。

第一节　酒店公寓

东风农场作为距离首都城区最近的国营农场，自 1980 年就开始利用自己的区位地理优势和自有土地资源发展酒店公寓产业。第一家酒店为酒仙饭店，1980 年 9 月开始建设，1982 年 11 月竣工开业。而后又于 1984 年建设了三元宾馆，1985 年 6 月建成中日合作的朝阳公寓，1989 年建成中日合资的东苑公寓，1997 年建成中日合作的三全公寓等，由此在北京的东北三环和东北四环地区形成了一个酒店公寓集群。

1. **酒仙饭店**　改革开放初期，针对社会上普遍存在的“吃饭难”和“住店难”等问题，东风农场决定投资建设酒仙饭店（原名为东风旅馆）。1980 年 9 月 6 日，位于酒仙桥路与将台路交接路口的酒仙饭店开始动工，占地 7400 平方米，总建筑面积 7700 平方米，总投资 300 万元。酒仙饭店建设工程于 1982 年 11 月竣工，当年 12 月正式营业，共有 125 套客房、500 个床位、13 个会议室和可容纳 400 人同时就餐的餐厅。第一任总经理为崔德兴，第一任党支部书记为苗鸿儒。当年由于北京市旅游饭店设施较少，致使酒仙饭店住店顾客盈门，会议接待络绎不绝，经济效益非常好。1982 年 12 月接待了国家农牧渔业部召开的“全国奶牛协会成立大会”，1984 年 9 月接待了日本青年友好访华团。

1985 年初，东风农场决定对酒仙饭店进行投资扩建。酒仙饭店新楼地上十八层地下两层，总建筑面积 18200 平方米，拥有 248 套客房、10 个餐厅和 14 个会议室，总投资为 3000 万元。酒仙饭店新楼于 1985 年 6 月 18 日开工建设，1989 年 9 月 25 日竣工，1990 年 4 月 24 日试营业。

由于酒仙饭店新楼的建设使用了商业贷款 3078 万元且利息较高，造成酒仙饭店新楼竣工开业后在商业运营上出现严重亏损。为了摆脱困境，东风农场于 1993 年 4 月将酒仙饭店新楼老楼整体作价 9000 万元转让给了中城乐天房地产公司。从 1988 年到 1993 年，酒仙饭店的总经理先后为：张弘、叶复兴（兼任）和贾玉莳。

2. **三元宾馆** 1984 年，亮马河修建疏浚工程，将东风农场下属企业北京星火构件厂分为东西两部分，西部仅剩余 2200 平方米的土地。东风农场于 1985 年 1 月向北京市规划部门申请在该地块上投资建设一座宾馆并于 1985 年 2 月获得了项目立项的批准。1986 年 7 月，东风农场与北京市经济技术协作公司签署了合资建设三元宾馆项目的协议书，约定由东风农场提供 2200 平方米的建设用地，由北京市经济技术协作公司提供建设资金 830 万元，双方股权各为 50%，共同投资建设北京三元宾馆。

三元宾馆项目于 1987 年 5 月 31 日动工，1989 年 6 月竣工，1989 年 11 月 6 日开始试营业，1992 年 8 月正式投入运营。该宾馆为二星级宾馆，总建筑面积 7400 平方米，拥有 122 套客房及餐饮、会议等配套服务设施，项目总投资为 2000 万元。三元宾馆从项目开工到竣工试营业再到正式营业，始终存在着许多问题和困难，主要是建筑工期过长和商业贷款财务成本过重，致使在后续的商业运营期间出现严重亏损且难以为继。1995 年 4 月 15 日，东风农场与北京红旗物业管理有限责任公司签署股权转让协议，由东风农场以 4300万元的对价向北京红旗物业管理有限责任公司转让了三元宾馆的全部股权。

3. **朝阳公寓**（略。见后面外资企业条目）

4. **东苑公寓**（略。见后面外资企业条目）

5. **华康宾馆**（略。见后面北京市康乐工贸有限公司条目）

6. **三全公寓**（略。见后面外资企业条目）

第二节　写 字 楼

东风农场的写字楼开发建设始于 2006 年 4 月，当时开始在自有土地上开发建设南十里居写字楼。2011 年 10 月，在顺义区南法信镇开发建设东港鑫座写字楼项目，2015 年 7 月，在自有土地上开发建设三元科技研发中心。

1. **东港鑫座写字楼**　东港鑫座是一个由北京市东风农工商公司全资开发建设的商用高端 5A 级写字楼项目，位于北京市顺义区南法信镇，总建筑面积 62000 平方米，总投资 4.3 亿元人民币。东港鑫座是东风人第一次走出东风，到域外开疆破土，通过挂牌竞价交易获得土地出让权进行房地产开发建设的项目。

2011 年 10 月 8 日，北京市东风农工商公司参加北京市建设用地项目挂牌竞价交易会，以 1.1 亿元的土地出让价格竞得北京市顺义区南法信镇 34-1 号商业金融地块并签订了挂牌出让成交确认书。2011 年 11 月北京市东风农工商公司与北京市国土资源局签订了国有建设用地使用权出让合同并于 12 月取得国有土地使用证。北京市东风农工商公司将此项目正式命名为东港鑫座写字楼项目，于 2012 年 3 月取得了北京市发改委的立项批复，4 月取得了建设用地规划许可证，11 月取得了建设工程规划许可证，2013 年 3 月 18 日，取得了建筑工程施工许可证。

2013 年 3 月 22 日，东港鑫座举行了项目开工建设的奠基仪式。12 月 31 日，东港鑫座项目结构封顶。2014 年 4 月 3 日，东港鑫座销售中心落成。

2014 年 6 月 18 日东港鑫座项目取得了商品房预售许可证，6 月 28 日东港鑫座举行了销售开盘剪彩仪式。2014 年 11 月 21 日东港鑫座项目完成了规划验收，11 月 27 日完成了竣工备案，项目建设正式完成。2015 年 7 月 29 日，东港鑫座项目取得了房屋所有权证。

2016 年，北京市东风农工商公司与三峡资产管理中心签订了房屋买卖合同，作价 2.95 亿元将东港鑫座 1 号楼 2～9 层及 155 个车位出售给了中国三峡集团。

2. **三元科技研发中心**　三元科技研发中心即东枫德必 WE 人工智能创新基地是北京市东风农工商公司在东风南路投资开发建设的一个高端智能写字楼集群，共建有 11 栋单体写字楼，总建筑面积 58243 平方米。

2009 年，北京市东风农工商公司通过多年的不懈努力和积极工作，依据北京市城市规划和国土资源部门的相关政策，向北京市国土资源局申请协议出让位于东风南路的一宗 3 公顷面积的自有土地。经市国土局（京国土用函〔2010〕2 号文）批准，同意该宗土地以协议出让方式供地，由北京市东风农工商公司自建“三元科技研发中心”项目。这是在用地政策方面所取得的重大进展。

2010年7月，东风农工商公司向上级首农集团提交了投资建设“三元科技研发中心”的项目请示并于9月15日获得了集团的批准。

2010年11月三元科技研发中心项目取得北京市城市规划部门的《建设项目规划条件》，2011年2月取得《规划意见复函》，5月取得北京市国土资源局《关于三元科技研发中心建设项目用地预审意见》。2012年3月三元科技研发中心项目取得了朝阳区发改委《关于三元科技研发中心项目核准的批复》，12月项目取得了市规划委《关于三元科技研发中心项目设计方案的审查意见》，项目独到的11栋环抱式绿色园区的设计方案得以最终确定。

2014年10月21日，在北京市新版基准地价出台之前，三元科技研发中心项目快速完成了运作，与北京市国土资源局签订了土地协议出让合同，以原基准地价完成了项目用地的协议出让，出让金额5316万元，节约土地成本超过1亿元。

2015年1月15日三元科技研发中心项目取得了建设工程规划许可证，6月24日取得了建筑工程施工许可证，7月28日项目举行开工奠基仪式。2016年6月1日，三元科技研发中心项目建设工程结构封顶。2017年11月完成规划验收，12月项目建设全部竣工。

自2018年初三元科技研发中心竣工之后，北京市东风农工商公司决定借助“外脑”将项目打造成为高科技智慧型产业园区。通过充分考察调研，东风公司最终确定与知名企业德必公司进行战略合作，合营成立东枫德必（北京）科技有限公司，共同将三元科技研发中心项目打造成为东枫德必WE人工智能创新基地。东枫德必WE人工智能创新基地将在服务创新、产业集聚等方面进行积极探索，以期充分利用北京市在发展人工智能产业方面的优势，推动人工智能技术和产业的结合，将项目打造成为北京市朝阳区人工智能产业中的地标型产业园区。

3. 十里堡北里18号院综合楼 2009年北京三元置业有限公司决定选择若干中小型项目作为切入点进行房地产开发。经过多方寻找，从诸多项目中，锁定了待转让的北京市朝阳区十里堡北里18号院综合楼。2009年9月2日，三元置业有限公司向上级首农集团提交了以6500万元的对价收购该综合楼的请示并于9月15日取得了集团公司的同意性批复。

2009年9月21日，北京三元置业有限公司与朝阳区十里堡北里18号院的产权方北京富华鸿利投资管理有限公司签订了房地产转让合同，以6500万元的对价收购了朝阳区十里堡北里18号院的土地和全部房屋资产，土地证载面积为5047.36平方米，房产证载面积5073.9平方米。收购完成后，北京三元置业有限公司又与该房屋资产的原租赁方北京市朝阳区劳动和社会保障局签订了新的房屋租赁协议，租赁期至2013年3月19日，年租金为5162268元。

2013年9月，经友好协商，北京三元置业有限公司与北京朝阳电力实业开发总公司签订了房地产转让合同，以1.5亿元的对价将朝阳区十里堡北里18号院的土地和全部房屋转让给北京朝阳电力实业开发总公司，实现了国有资产的增值变现。2013年10月，全部资产转让交割手续完成。

第三节　住宅地产开发

东风农场的住宅地产开发始于2001年与北京天鸿宝润公司合作开发建设东润枫景商品住宅项目，2002年9月开始与太合嘉园有限公司合作开发建设东山墅高档别墅项目，2003年6月以北京市通达房地产开发建设总公司的名义开发建设看丹苑商品住宅项目，2004年9月开始与北京天鸿集团合作开发建设回龙观和谐家园经济适用房项目，2016年9月开始与青鸟集团合作开发建设东山公寓高端住宅项目。有关项目的简介如下：

东山墅　东山墅项目的开发建设主体为北京太合嘉园房地产开发有限责任公司，该公司成立于1999年，注册资本5000万元，经营范围为房地产开发和销售商品房。合营公司的股东构成及出资额：北京弘久盛科技发展有限公司2550万元51%、太合诚信投资有限公司950万元19%、北京市东风农工商公司1500万元30%。

东山墅项目基本情况：项目规划建设用地129683平方米，代征道路34232平方米，代征绿地350655平方米。项目包括东山墅和东山公寓。东山墅项目于2004年开始建设，项目内容为78栋美式独栋高端别墅，总建筑面积44702平方米，独立会所1栋，建筑面积3814平方米，项目于2007年建成并于当年全部实现销售。东山公寓项目为3栋小高层高端住宅，共计116套，户型面积250～700平方米，总面积57598平方米，其中地上住宅部分39018平方米，地下车库部分18580平方米，于2015年开盘，2017年12月底建成，2019年中期已完成销售70%。

第四节　建 筑 业

东风农场的建筑业起始于建场初期。1958年夏季，全国农业展览馆农场在组建农业队、畜牧队、农机队的同时也组建了农场的基建队，作为承担农场全部基本建设任务的主力军。1958—1988年，农场基建队承建了农场生产和发展中的所有建设工程，囊括了从工程设计到土建施工再到内外装修的全部环节。这些建设工程包括农场场部、鸡场、鸭场、猪场、鹿场、马场、奶牛场、药厂、机械厂、各单位的办公场所、职工宿舍和配套服务设施等。

1988年，农场基建队正式更名为北京市东风建筑工程公司，并获得了国家三级建筑企业的资质。1988—1998年的十年中，东风建筑工程公司承接了农场办公楼、18栋职工宿舍楼、新奶牛场、东风商业街、413路公交车总站等工程，总计完成建筑总面积10万平方米、道路2850平方米、产值9461万元。

按照国家关于国有企业改革改制的政策要求，2001年10月，北京市东风建筑工程公司进行改制，并与民营企业北京天筑伟业科技发展有限公司合并重组为北京天筑伟业建筑工程有限公司。

第五节　物业出租和物业管理

东风农场的物业出租产业是随着时代的变迁、城郊经济的发展和农场第一、第二产业的相继退出而逐渐形成的。1995年4月，东风农场正式成立了北京宏宝源商贸公司，将原属第一产业的农业队、农机队、果树队、奶牛场、养鱼场等单位停产撤销建制之后所留下的房产物业资源和土地资源进行统一管理、统一出租经营并由此新建了东风小区商业一条街。继农业畜牧业退出之后，东风农场又陆续对一批规模小、经济效益差的工业企业进行调整，将现有的厂房、车间、仓库等房产物业用于对外出租式经营，包括东风服装厂、东风福利毛纺织厂、东风首饰厂、东风冷饮厂、华泰塑料工业公司、东风汽车修理厂等。在将原来的第一和第二产业的生产用物业资产进行对外出租经营的同时，农场原来从事农业和工业生产的员工也经过培训后转型从事物业管理和物业服务等新岗位的工作。东风农场上述物业资产的对外出租主要是根据社会新兴行业的需求，作为仓储、物流、餐饮、商贸和办公使用。农场物业资产的出租经营每年都带来上亿元的租金收入。

东风农场自1990年以来，相继建设了20万平方米建筑面积的职工宿舍并在此基础上形成了东风住宅小区。随着东风住宅小区的扩建和发展，东风农场组建了东风物业管理服务中心，引入现代化物业管理服务的管理理念、服务标准和工作模式，对东风住宅小区实行高质量的物业管理和服务，同时开发建设住宅小区周边的配套生活服务设施，通过不断努力，逐步营造出一个安全、舒适、方便、良好的社区居住环境。

1. 北京东风物业管理有限责任公司　北京东风物业管理有限责任公司的前身是北京东风物业管理中心，成立于1998年9月，全民所有制企业，为东风农场的下属单位。

2006 年进行国有企业股权多元化改制，由北京市东风农工商公司（持股 30%）与 15 名自然人（持股 70%）共同出资 50 万元设立，于 2006 年 4 月挂牌成立。

北京东风物业管理有限责任公司是集经营与管理为一体的综合性专业物业管理公司，具有国家三级物业管理资质，专业从事住宅小区的物业管理。经营范围包括物业管理、家居装饰、家务服务、清洁服务、机动车停车场经营。目前管理的物业项目包括东风小区、东风家园和三环路东侧的农光里小区，物业管理的总建筑面积 20 万平方米。

公司遵从“敬业、严谨、效率、诚信”的企业精神，引进先进的管理体制与管理经验，规范化运作体系，创新服务内容，注重人才的培养和使用，并以此形成企业的核心竞争力。公司通过实践形成了一套独特的管理模式、运作程序和服务质量标准，并于 2003 年获得北京市质量技术监督局颁发的《服务标准体系确认合格证书》，成为北京市第一家服务标准化体系达标的物业服务企业。公司秉承“周到、细致、尽心尽力的服务，创造安全、文明、舒适和谐的美好环境”的服务理念，在物业管理服务方面积累了丰富的管理经验，拥有一支优良的员工队伍，经过相关的专业培训，全部持证上岗，具有良好的心理素质和较强的专业技能，能够为客户提供高质量的服务。公司于 2007 年加入了北京物业管理协会。

2. **北京新通房产管理经营有限责任公司**　北京新通房产管理经营有限责任公司（以下简称新通公司）原为北京新通房产管理公司，成立于 1996 年 6 月，是北京市通达房地产开发建设总公司的全资子公司，经营范围是对北京市通达房地产开发建设总公司所开发的房屋提供物业服务。

新通公司原管理的海淀区安宁里小区设为一分公司，朝阳区砖角楼的 3 栋楼、小关北里 14 号楼、小关东里甲 2 楼、北沙滩 4 号院 2 号楼，以及丰台区高庄子小区的 3 栋楼、海淀区永泰园小区的 9 号楼设为二分公司。

2006 年 3 月按照北京市国资委“主辅分离辅业改制”的政策，新通公司完成了企业改制，更名为北京新通房产管理经营有限责任公司，注册资金 50 万元，其中北京市东风农工商公司和康宏军各持有 30%的股权，胡艾民持有 20%的股权，其余 20%股权由新通公司的 7 名职工共同持有。改制后新通公司的法定代表人由持有比例最高的自然人担任，总经理由董事会聘任。公司下面设有工程部、综合管理部、房屋管理部和财务部。

新通公司的物业管理范围是改制前原一分公司和二分公司所管理的房屋等物业资产。所管理的总建筑面积为 29 万平方米，住宅房屋 3800 套。公司所管理的房屋中多是北京市通达房地产开发建设总公司为项目开发所安置的拆迁户，其中只有海淀区安宁里小区是一个较完整的小区，其余均是老旧小区中的 1 个楼、2 个楼最多的是 3 个楼，住户全是安置的拆迁户，物业收费标准极低。到目前为止仍有小关的 2 栋楼和永泰园的 1 栋楼因为历史原因不能进行房改售房。

新通公司所管理的住宅房屋的产权性质非常复杂：丰台高庄子的 3 栋楼是商品房，海淀区安宁里小区是部分商品房、部分房改房，其余均是房改房。

3. **北京东港时代物业管理有限公司** 北京东港时代物业管理有限公司是北京市东风农场有限公司的全资子公司，成立于 2014 年 5 月 23 日，主要经营范围是对东港鑫座项目进行物业管理。

东港鑫座物业项目是办公商业类非自持型写字楼。位于北京市顺义区南法信镇政府东侧。总建筑面积 62000 平方米，占地面积 17640 平方米。项目由北京三元置业有限公司进行开发建设。三元置业秉承“绿色、环保、科技”的国际生态写字楼标准，诚邀国内著名设计团队操刀，秉承前瞻性建筑理念，以契合国际 500 强企业对写字楼的办公需求，匠心独运，打造顺义区首个绿色商务写字楼。

东港鑫座项目于 2014 年 11 月 27 日取得了工程竣工验收备案表，完成了主题规划设计、建筑施工和设备安装质量的全部要求。2015 年 3 月北京东港时代物业管理有限公司东港鑫座项目部开始筹建，并完成了职工招聘工作。同年 7 月，东港鑫座第一批业主顺利收房。9 月 24 日，东港鑫座迎来了首个入住业主——北京义和阳光科技公司。北京东港时代物业管理有限公司的第一任总经理为王丽琴女士。

2016 年 2 月 5 日中国太平洋财产保险股份有限公司北京市顺义支公司正式入驻东港鑫座。10 月 10 日，北京市东风农场有限公司推荐赵青雷担任北京东港时代物业管理有限公司董事长。同年 10 月 28 日三峡资产管理中心正式入驻东港鑫座，并举行了大型收房仪式。

第六节 其他服务业

1. **朝阳高尔夫俱乐部**（略。见后面外资企业条目）

2. **东风垂钓娱乐中心** 北京东风垂钓娱乐中心组建于 1998 年，占地面积 270 亩，有 10 个鱼塘，每个鱼塘的水面面积约 9 亩，年产淡水鱼 15 吨。1999 年新建了一个长度为 25 米的标准成人游泳池和一个儿童戏水池，年营业收入 40 万元。

组建初期的总经理为潘树然，党支部书记为郭文建。2001 年后总经理为曹大明，党支部书记濮连英。

3. **成吉思汗马术俱乐部** 1984 年 8 月，东风农场与内蒙古自治区体育委员会和中国体育服务公司共同决定合资建设和经营北京第一家马术俱乐部。三方约定，在项目的合作中，由东风农场提供毗邻东四环路边的134亩原东风果园土地用于项目建设，由内蒙古自治区体育委员会提供总体设计、马匹和马术表演人员，由中国体育服务公司提供项目建设和运营所需的全部资金。

成吉思汗马术俱乐部项目于1985年3月开工建设，1986年11月竣工，建成了总面积为1427平方米的主楼、1134平方米的看台、515平方米的房屋、1000平方米的马厩和一个跑马场等。但是由于种种原因，内蒙古体育委员会一方于1987年9月退出了马术俱乐部项目，1988年6月中国体育服务公司也退出了马术俱乐部项目。

成吉思汗马术俱乐部于1988年9月正式投入商业运营，但经济效益始终不理想。该马术俱乐部于1994年停止运营。

第七节　对外开放与外资企业

得益于国家改革开放的宏观政策和农场决策层的思想解放意识，东风农场依托自己的区位优势，在对外开放、兴办外资企业方面起步很早并成功地组建了一系列中外合资和中外合作的社会服务型企业，取得了良好的经济效益、社会效益和丰厚的投资回报。东风农场的外资工作始终走在北京市农垦系统乃至全国农垦系统的前列。

1984年6月，东风农场与中国体育服务公司、日本广济堂株式会社和日本东工物产株式会社签约组建中日合作北京朝阳高尔夫俱乐部，1985年12月从国家工商总局领取了中外合作企业营业执照，1986年3月开始进行项目建设，1987年4月正式开业经营。北京朝阳高尔夫俱乐部是中国外经贸部所批准设立的前100家外商投资企业之一，也是中华人民共和国境内的第一家高尔夫球场。1984年1月，东风农场与日本朝阳贸易株式会社签约组建中日合作北京朝阳公寓，1985年4月从北京市工商局领取了中外合作企业营业执照，同年6月北京朝阳公寓建成开业。北京朝阳公寓是北京市对外经济贸易委员会所批准设立的前100家外商投资企业之一。1987年3月，东风农场与日本ASN公司、日本大和房屋工业株式会社和日本丸红株式会社签约组建中日合资北京东苑公寓有限公司，1987年6月从北京市工商局领取了中外合资企业营业执照并开工建设，1990年10月北京东苑公寓建成开业。东风农场与日本邱永汉集团于1994年组建中日合作北京三全公寓有限公司，1995年6月开工建设，1997年12月建成开业。

根据上级单位北京市农工商联合总公司的部署，东风农场于1993年组建了东风农场外资项目办公室，主任为贾玉莳，副主任为王明革。东风外资项目办作为北京市农工商联合总公司外经处的辅助机构，主要功能是利用东风农场的土地资源、人力资源、行政资源和外资管理资源，协助北京市农工商联合总公司运作和筹建北京市农工商联合总公司拟在东风农场所属的土地上与德国菲力普霍尔兹曼集团合资组建欧洲广场项目和与韩国宇成集团合资组建国际学校项目。东风农场外资项目办公室还同时负责运作和筹建东风农场与台湾羊羔记国际通商股份有限公司拟合作组建的北京环球名人俱乐部等外资项目。1998 年 12 月，由于在场乡体制改革中，中外合资北京欧洲广场有限公司项目和中外合资北京国际学校有限公司项目的项目用地被划归北京市朝阳区，这两个项目终止了运作并由朝阳区政府向东风农场支付了项目前期运作和筹建费用总计 800 万元。东风农场外资项目办公室的工作终止，建制由此撤销。

第七章　所属企业概况

第一节　国有独资、国有控股和参股企业

北京市东风农场有限公司现有国有独资、国有控股和国有参股企业概况如下。

一、国有独资企业

1. **北京东港时代物业管理有限公司**　北京东港时代物业管理有限公司成立于2014年5月23日，由北京市东风农场有限公司出资成立，注册资本金为50万元，主要经营范围为物业管理等。现主要业务为东港鑫座项目的物业管理工作。截至2018年12月31日，确认资产总额406万元，负债总额287万元，所有者权益119万元。截至2018年12月31日，东港物业在职职工40人。

2. **北京朝阳公寓有限公司**（略）

3. **北京东枫国际体育文化有限公司**　北京东枫国际体育文化有限公司（以下简称“东枫国际”）于2016年3月10日成立，注册资金1000万元，是北京市东风农场有限公司的全资子公司，企业法人邵建祥。东枫国际坐落于北京市朝阳区农展南路甲9号，占地面积197亩。目前东枫国际经营项目有高尔夫培训、室外灯光篮球场、乒乓球室、天然足球场、高尔夫练习场以及各类户外活动场地。截至2018年12月31日，确认公司资产总额578万元，负债总额68万元，所有者权益510万元。截至2018年12月31日，在职职工29人。

4. **北京华康宾馆有限公司**　北京华康宾馆建于1994年，原名为北京康运宾馆，1999年更名为北京华康宾馆，是北京市康乐工贸有限公司的全资子公司。2012年年初，北京市康乐工贸有限公司决定将华康宾馆转型为商用写字楼，同年4月宾馆停止营业，6月改造工程全面启动，年底工程全部完工，宾馆的经营业务全面向写字楼出租转型。2017年按照政策要求，完成了国有企业公司制改革，北京华康宾馆变更为北京华康宾馆有限公司。

截至2018年12月31日，华康宾馆确认资产总额877.84万元，负债总额1180.54万元，所有者权益－302.70万元。截至2018年12月31日，华康宾馆在职职工13人。

总经理
党委书记
副总经理
党委副书记
副总经理
党委委员
党委工作部
财务中心
办公室
企业管理部
工会
国有全资企业
青岛保税港区能源基地有限公司
北京三元置业有限公司
北京市康乐工贸有限公司
北京市宏宝源商贸有限公司
北京华康宾馆
北京东枫国际体育文化有限公司
北京朝阳公寓有限公司
北京东港时代物业管理有限公司
北京市通达房地产开发建设总公司（托管）
国有控股企业
北京东苑公寓有限公司
北京朝阳高尔夫俱乐部有限公司
北京新元汇成科技有限公司
国有参股企业
东枫德必（北京）科技有限公司
北京东风物业管理有限责任公司
北京开研加油站有限公司
北京农村商业银行
北京三元德宏房地产开发公司 退出
北京太合嘉园房地产开发有限责任公司
北京三元创业投资有限公司
北京友谊商店股份有限公司
北京市东风保健营养品有限责任公司
北京金木建筑装饰有限公司
张家界茅岩河旅游开发股份有限公司
北京东方奥景体育文化发展有限责任公司
北京新通房产管理经营有限责任公司
北京三全公寓有限公司 退出
北京东风农场机构图

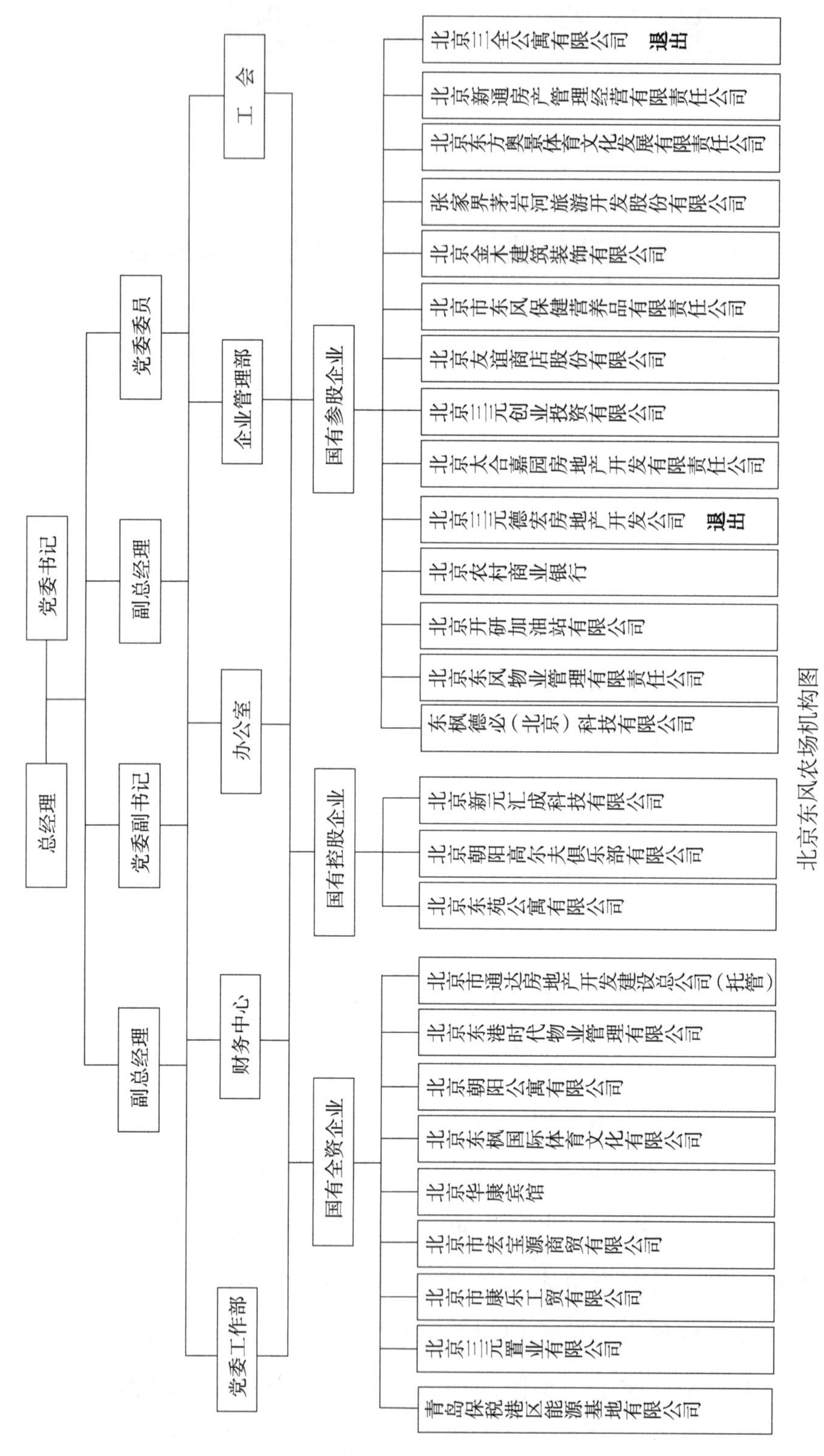

5. 北京市康乐工贸有限公司（略）

6. 北京宏宝源商贸有限公司　宏宝源公司成立于1984年8月22日，注册资本52万元，为北京市东风农场有限公司的全资子公司，主营业务是管理和经营东风农场有限公司的土地房屋资产。截至2018年12月31日，确认资产总额2768万元，负债总额2183万元，所有者权益585万元。截至2018年12月31日，宏宝源公司在职职工31人，内退4人，离退休职工189人。

7. 北京三元置业有限公司　北京三元置业有限公司成立于2002年7月，是北京市东风农场有限公司的全资子公司，专业从事房地产开发与项目管理，注册资本6000万元，具有房地产开发三级资质。

2001年初，北京市农工商联合总公司对所属基层企业进行了大规模整合，相继组建了五大专业化公司。2001年7月14日，北京市东风农工商公司与北京市通达房地产开发建设总公司合并重组为专业化的房地产公司——北京三元置业有限公司。2002年7月16日，北京三元置业有限公司领取了工商营业执照，正式进入房地产开发建设行业。

自成立以来，三元置业始终本着“尚信、尚实、尚新，求专、求精、求强”的经营理念，充分利用土地资源和地缘优势先后建设了商品房项目——东润枫景，物美价廉的经济适用房项目——和谐家园，极品奢华的东山墅别墅群以及彰显商务气息的写字楼等多个重点项目，总开工面积60万平方米。截至2018年12月31日，三元置业资产总额55912.38万元，负债总额32990.91万元，所有制权益22921.47万元。在职13人，退休2人。

8. 青岛保税港区能源基地有限公司　青岛保税港区能源基地有限公司于2011年7月18日在青岛保税区注册成立，注册资本93490万元人民币，由北京三元置业有限公司100％出资，企业法人邵建祥。目前公司设有技术部、成本部、经营部、财务部、办公室和物业中心共六个部门，员工29人。公司经营范围为房地产开发与经营、房地产信息咨询、商务信息咨询、物业管理、国际贸易、转口贸易、区内企业之间贸易及贸易项下的加工整理，自营和代理各类商品和技术的进出口；国际、国内货物运输代理；装卸、搬运服务（不含运输）；食品经营（依据食药监部门核发的《食品经营许可证》从事经营）；电子商务；园林绿化工程施工。截至2018年12月31日，公司确认资产总额28076.28万元，负债总额7721.02万元，所有者权益20355.26万元。截至2018年12月31日，青岛公司在职职工29人。

公司的历史沿革：

①2011年7月18日，公司在青岛保税区成立，注册资本1亿美元，由香港华信石油有限公司100％出资设立，注册名称为华信（青岛）储备有限公司，属于外商独资企业。

②2014年7月18日，公司更名为青岛保税港区能源基地有限公司。

③2015 年 1 月 26 日，公司注册资本由 1 亿美元增资至 1.5 亿美元。

④2016 年 1 月 12 日，公司股东更名为上海华信集团（香港）有限公司。

⑤2018 年 5 月 15 日，公司股权变更，股东由上海华信集团（香港）有限公司 100％出资变更为北京三元置业有限公司 100％出资，公司性质由外商独资变更为国有独资，注册资本由 1.5 亿美元变更为 93490 万元人民币。

二、国有控股企业

1. 北京新元汇成科技有限公司 2008 年 1 月 2 日北京市东风农工商公司与北京新联国际投资有限公司签订协议，就“朝阳公寓翻改扩建（盛福大厦二期）项目”进行合作，设立北京新元汇成科技有限公司实施该项目。

北京新元汇成科技有限公司注册资本 3000 万元，其中：北京市东风农工商公司出资 1530 万元，占 51％；北京新联国际投资有限公司出资 1470 万元，占 49％。合营公司于 2008 年 1 月 8 日成立，经营期限 20 年，法定地址为朝阳区东三环北路丙 2 号天元港中心 B901 室。

2. 北京东苑公寓有限公司（略）

三、国有参股企业

1. 东枫德必（北京）科技有限公司 东枫德必（北京）科技有限公司成立于 2017 年 6 月 30 日，是由北京市东风农场有限公司和北京德必荟文化创意产业发展有限责任公司共同出资兴办的合资企业。

东枫德必是北京市东风农场有限公司与德必集团共同打造的人工智能产业基地——东枫德必 WE 人工智能创新基地，2018 年 6 月正式建成竣工并启动招商。

东枫德必（北京）科技有限公司注册资本 1000 万元。该项目建筑面积 58000 平方米，共计 11 座低密度花园式独栋写字楼，单体独栋面积 2000～9000 平方米，独特半围合式独栋布局，退台式屋顶花园，精心打造 50 余个休闲文化场景、时尚文娱商业街区、户外艺术展演空间，以及德必集团自主研发 wehome 园区智能管理系统。公司注册地址为北京市朝阳区东风南路 8 号院 B 楼 1 层 111 室。

2. 北京东风物业管理有限责任公司（略）

3. 北京开研加油站有限公司 北京市东风农场有限公司与北京世纪开研科贸有限责任公司共同投资设立北京开研加油站有限公司，2005 年 6 月 14 日取得营业执照，合营期限30年。加油站位于北京市朝阳区酒仙桥东风南路20号，主要经营范围有零售成品油，销售汽车配件、日用品等。公司注册资本为400万元，其中：东风农场有限公司出资120万元，占30%股份；世纪开研科贸出资280万元，占70%股份。

4. **北京农村商业银行**　北京市东风农场有限公司于2005年8月对北京农村商业银行进行投资入股，投资金额1000万元，认购1000万股。农村商业银行经营状况良好，投资后每年都有现金分红。

5. **北京三元德宏房地产开发有限公司**　为了开发南郊农场在北京市大兴区德茂地区的土地资源，2005年9月北京市东风农工商公司与南郊农场和北京三元食品有限公司签订协议设立北京三元德宏房地产开发有限公司。合营公司注册资本2亿元，其中：东风农场出资2550万元，占12.75%股权；南郊农场出资15450万元，占77.25%股权；三元食品出资2000万元，占10%股权。

2018年11月北京市东风农场有限公司决定将其在北京三元德宏房地产开发有限公司注册资本中所持有的12.75%股权通过北交所进行协议出让。

6. **北京太合嘉园房地产开发有限责任公司**　北京市东风农工商公司与北京弘久盛科技发展有限公司、北京太合诚信投资有限公司于1999年9月27日注册成立北京太合嘉园房地产开发有限责任公司。注册资金5000万元，其中：北京市东风农工商公司出资1500万元，占30%股权；北京弘久盛科技发展有限公司出资2550万元，占51%股权；北京太合诚信投资有限公司出资950万元，占19%股权。该合营公司开发建设了东山墅项目。

7. **北京三元创业投资有限公司**　2002年1月，北京市农工商联合总公司及其下属单位五方共同出资1100万元，设立北京三元创业投资有限公司，主要经营范围是投资咨询、管理，技术开发、转让，商务交流、展览展示等。集团出资350万元，占32.82%股权，北京市东风农工商公司出资150万元，占13.6%股权（西郊农场、北郊农场、双桥农场和东北旺农场的出资情况和股权情况均与此相同）。三元创业2002年1月28日取得营业执照，经营期30年，注册地址为朝阳区麦子店街37号盛福大厦1150房间。

8. **北京友谊商店股份有限公司**　2006年12月经北京产权交易所挂牌交易，中国石化集团北京石油有限责任公司将其持有的北京友谊商店股份有限公司的0.48%的股权（原60万购入）转让给北京市东风农工商公司，成交价40.56万元，持有40万股。友谊商店位于北京市朝阳区建外大街17号，主要以经营珠宝钻翠、工艺品为主，注册资金8377万元，控股公司为北京市西单商场股份有限公司，占86.87%股权。

9. **北京市东风保健营养品有限公司**　1998年11月东风农场与北京长葛吉祥蜂产品加工厂签订协议书，决定以股份制形式将东风农场下属北京市东风保健营养品厂改制为北京市东风保健营养品有限公司。经评估后北京市东风保健营养品厂净资产为112万元，作为注册资本，东风农场以净资产33.6万元出资，占30%股权，长葛出资78.4万元，购买70%股权。1999年11月15日取得营业执照，经营期50年。目前股权结构为阎建敏占70%股权，北京市东风农场有限公司占30%的股权。

10. **北京金木建筑装饰有限公司** 北京金木建筑装饰有限公司原为北京市通达房地产开发建设总公司的下属企业，2002年进行改制，采取国有股转让冲抵欠款及弥补亏空的方式，将90%股权转让给3名自然人，通达公司占10%股权，注册资本500万元。2004年金木公司增资至1000万元，北京三元置业有限公司投资50万元，持有金木公司5%股权，通达公司仍以出资50万元，占5%的股权。2005年2月，通过北京产权交易所，通达公司将其持有的金木公司5%股份以47.73万元转让给北京市东风农工商公司。截至目前北京市东风农场有限公司100万元，占10%股权；主要经营者杨克香、陈秀深夫妇合计出资800万元，占80%股权（杨克香占35%，陈秀深占45%）；另一自然人孙宝华出资100万元，占10%股权。公司营业期限为20年，至2019年12月27日。

11. **湖南省张家界茅岩河开发股份有限公司** 东风农场于1997年6月与湖南省张家界茅岩河旅游公司合作成立了湖南省张家界茅岩河永东旅游有限责任公司，注册资本500万元，东风农场投资100万元，占股权的20%，对方以固定资产和无形资产作为合作条件，主要目的是开发茅岩河漂流及餐饮、旅游及其他服务项目。

茅岩河永东公司后来改制为湖南省张家界西线旅游开发股份有限公司。2005年6月，与西线公司签订协议，我公司100万元投资额以2.7元/股（收购西线公司国有股权股价）入股西线公司。

后西线公司更名为湖南省张家界茅岩河九天洞旅游开发股份有限公司，以开发九天洞旅游为主。2015年9月西线公司名称变更为张家界茅岩河开发股份有限公司，东风农场出资额不变，占公司2.08%的股权。

12. **北京东方奥景体育文化发展有限责任公司** 2004年9月1日北京市东风农工商公司与北京盛世天予体育文化发展有限公司签订合作协议，设立合营公司北京东方奥景体育文化发展有限责任公司。2005年9月13日北京东方奥景体育文化发展有限责任公司取得营业执照，注册资本100万元，东风农工商公司方出资10万元，股权比例为10%。

第二节　主要外资企业

1. **中外合作北京朝阳高尔夫俱乐部有限公司** 北京朝阳高尔夫俱乐部是东风农场与

中国体育服务公司、日本东工物产株式会社和日本广济堂株式会社通过中外合作的方式组建的合营公司，1984 年 6 月由国家体育委员会批准立项，1985 年 12 月由国家外经贸部批准了合同章程并由国家工商总局核发了工商营业执照。中外合作北京朝阳高尔夫俱乐部是中国政府批准设立的最早一批的外商投资企业之一。

北京朝阳高尔夫俱乐部位于东三环路东侧，占地 197 亩，主要营业范围是建设和运营一个 9 个打道的高尔夫球场和一个 60 个打席的灯光练习场以及 3500 平方米的配套服务设施包括餐厅、咖啡厅、会议室、休息室、高尔夫用品商店等，总投资为 678 万美元。该项目建设开工于 1986 年 3 月，竣工于 1987 年 4 月，1987 年 5 月 16 日盛大开业。这是中华人民共和国境内的第一家正规的高尔夫球场。

北京朝阳高尔夫俱乐部的第一任总经理为日方委派的平田新一，中方副总经理为王军生。1999 年，由董事会聘任吕超为总经理，代表中日四方，主持日常经营管理工作。

2005 年 10 月，日本东工物产株式会社退出了合营公司。由于种种原因，北京朝阳高尔夫俱乐部于 2015 年 10 月 26 日停止营业。2015 年 12 月 30 日，合营公司的合营合同到期。北京市东风农工商公司、中国体育服务总公司和日本广济堂株式会社等中外三方经协商决定不再延长合营期限，北京朝阳高尔夫俱乐部有限公司的合营合同自然终止。

2. **中外合作北京朝阳公寓有限公司**　1985 年 2 月 9 日，东风农场与日本朝阳贸易株式会社签署了共同投资建设朝阳公寓的协议书。1985 年 4 月，中日合作北京朝阳公寓领取了由北京市对外经济贸易委员会颁发的外资企业批准证书和由北京市工商行政管理局核发的外资企业营业执照。该批准证书和营业执照的编号都在北京市外商投资企业的前 50 名之内。

在朝阳公寓的项目合作中，东风农场以位于亮马河边的 3 亩菜地作为投入，日本朝阳贸易株式会社则以建造技术、预制构件和所需全部资金作为投入。在朝阳公寓的建设中采用了当时日本最先进的新型建材预制和整体组装技术，项目整体建设效率高、速度快、周期短。1985 年 6 月 23 日，中日合作北京朝阳公寓建成开业剪彩。朝阳公寓总建筑面积 1664 平方米，拥有 32 套公寓式客房和配套服务设施，总投资为 332 万元人民币。朝阳公寓东临繁华的东三环路，北靠旖旎的亮马河，高度为两层用轻型建筑材料组装的优雅公寓小楼，成为亮马河畔的一道风景线。

北京朝阳公寓外方出资人日本朝阳贸易株式会社的会长华井满的身份非常特殊。他曾经是日本籍的中共党员，中国人民解放军第四野战军的老战士。全国解放以后，华井满等一批日籍解放军干部按照周恩来总理的指示，返回日本从事日中友好工作。1980年以后，他又听从中日友协王震会长的建议，筹措资金来北京投资，全力支持中国的改革开放事业和现代化建设。

中日合作北京朝阳公寓的合作模式最早是采用国际通用的BOT模式即由日方建造并运营15年之后无偿转让给中方。但是由于该公寓在建造时期使用了日元商业贷款因而在1985—2000年的运营期间由于人民币对日元大幅度贬值而蒙受了巨大的汇兑损失，使公寓经营长期亏损并使日方无法获取投资回报。1999年东风农场和日本朝阳贸易株式会社经过友好洽商，修改了合营公司的合同章程，将中日双方在合营公司注册资本中的股权比例设定为7∶3，并将合营公司的合作期限再延长30年。

1985年朝阳公寓开业之后，主要经营32套酒店式公寓客房，用以接待日本的商务客人。从2004年8月开始，朝阳公寓管理层根据市场的变化和需求，将32套公寓客房全部改造成商务办公区整体出租。

项目初期，朝阳公寓的中日双方约定由日方出任总经理，由中方出任副总经理负责公寓的日常管理和运营。1995年以后，为了降低成本，中日双方商定由中日双方共同委派总经理负责公寓的经营。第一任总经理为冒涛，第二任总经理为王丽琴。

2015年3月2日，经北京朝阳公寓有限公司中外双方友好洽商并达成一致，合营公司中方即北京市东风农工商公司收购了合营公司外方即日本株式会社华井事务所在合营公司注册资本中的全部30%股权。北京朝阳公寓有限公司的企业性质由中外合作企业变更为国有独资企业。

3. **中外合资北京东苑公寓有限公司** 北京东苑公寓有限公司是东风农场与日本大和房屋工业株式会社、日本丸红株式会社和日本ASN公司合资组建的主营为出租经营高端国际公寓的合资企业。该项目于1987年5月领取了由北京市对外经济贸易委员会颁发的外资企业批准证书和由北京市工商行政管理局核发的工商营业执照。项目于1987年6月开始动工建设，1989年9月竣工，1990年10月正式开业运营。

东苑公寓注册资本800万美元，投资总额2480万美元，占地面积24136.67平方米，建筑面积23570.99平方米，共128套客房，包括76套别墅型公寓及52套高层复式公寓。

东苑公寓1988—2016年，连续28年公寓出租状况稳定。特别是20世纪90年代中后期创造了极佳的业绩：1994年收入6259万元，利润1893万元；1995年收入6895万元，利润1990万元；1996年收入7782万元，利润2430万元；1997年收入7871万元，利润2574万元；1998年6588万元，利润2601万元。

东苑公寓合资期为29年（1987年6月19日—2016年6月18日），分为两个合资期：①第一合资期17年，即1987年6月19日—2004年6月18日；

②第二合资期12年，即2004年6月19日—2016年6月18日。

北京东苑公寓有限公司的历史沿革：1984年，由北京市农工商联合总公司与美国IBM公司商定合作开发建设高端涉外公寓的项目。而后，北京市农工商联合总公司委托北京市东风农场作为该项目的中方与美国IBM公司于1984年8月签署了关于共同投资建设北京东苑公寓项目的合作意向书。当年9月，北京市农工商联合总公司向北京市计划委员会提交了关于合资兴办北京东苑公寓有限公司的立项申请。1985年7月，北京市计划委员会批复了项目的立项。1986年8月，美国IBM公司委托日本东京ASN有限公司代表IBM公司承建东苑公寓项目。1986年10月，东风农场与日本东京ASN有限公司签订了合营公司的合同章程。但是，1986年年底，美国IBM公司却突然宣布退出了项目的合作。1987年初，日本大和房屋工业株式会社向北京市农工商联合总公司提出了代替美国IBM公司继续与东风农场合作兴办东苑公寓的意向。1987年3月，中外合资北京东苑公寓有限公司进行了股权重组，在新的公司股权结构中，甲方东风农场持股35%，乙方日本大和房屋工业株式会社持股40%，丙方日本丸红株式会社持股20%，丁方日本ASN有限会社持股5%，并按照此股权结构重新签署了北京东苑公寓有限公司的合同和章程，合资期限为17年。

2000年，因上级单位北京三元集团有限公司企业改革改制的需要，北京东苑公寓有限公司的中方股东东风农场将其在合营公司注册资本中所持有的35%股权全部无偿转让给北京三元种业股份有限公司。2003年，又因上级单位北京三元集团有限公司的工作需要，北京东苑公寓有限公司的中方股权又从北京三元种业股份有限公司无偿转回东风农场即北京三元置业有限公司。

2004年，经合营公司中外股东各方同意，将北京东苑公寓有限公司的合资期限在原17年的基础上再延长12年，即延长至2016年。当年6月，合营公司的日方股东日本丸红株式会社退出，将其在合营公司注册资本中所持有的20%股权分别作价转让给北京三元置业有限公司15%和香港京泰百鑫有限公司5%。股权重组后，北京东苑公寓有限公司新的股东构成及股权比例为：甲方北京三元置业有限公司50%，乙方日本大和房屋工业株式会社40%，丙方香港京泰百鑫有限公司5%，丁方日本ASN有限公司5%。

2005年，日本东京ASN有限公司退出合营公司，并将其所持有的5%股权作价转让给北京三元置业有限公司。由此，甲方北京三元置业有限公司所持有的股权比例上升至

55%，乙方日本大和房屋工业株式会社仍持40%股权，丙方香港京泰百鑫有限公司持有5%股权。

2006年，香港京泰百鑫有限公司将其在合营公司注册资本中所持有的5%股权无偿转让给京农工商澳洲有限公司。由此，东苑公寓的股东构成发生第五次演变，即甲方北京三元置业有限公司持55%股份、乙方日本大和房屋工业株式会社持40%股份、丙方京农工商澳洲有限公司持5%股份。2012年10月，由于北京东苑公寓有限公司的中方股东结构调整，中方股东北京三元置业有限公司将其在合营公司注册资本中所持有的55%股权无偿转让给北京市东风农工商公司。合营公司新的股东构成及股比分别为：甲方北京市东风农工商公司持55%股份、乙方日本大和房屋工业株式会社持40%股份、丙方京农工商澳洲有限公司持5%股份。

2013年8月10日，北京东苑公寓有限公司召开第27届董事会，会上通过了关于合营公司股权转让事宜的董事会决议，确定由合营公司甲方北京市东风农工商公司作价收购合营公司乙方日本大和房屋工业株式会社在中外合资北京东苑公寓有限公司注册资本中所持有的全部40%股权。8月27日北京市东风农工商公司和日本大和房屋工业株式会社共同签署了《股权转让框架协议》。此后，中外双方陆续完成了签署股权转让协议等文件上报政府原审批机构即北京市商务委批准并于2015年1月完成了股权转让的全部手续。

至此，北京东苑公寓的股东变更为两家，即：甲方北京市东风农工商公司持95%股份，乙方京农工商澳洲有限公司持5%股份。由于北京市东风农工商公司和京农工商澳洲有限公司都是北京首农集团有限公司的全资子公司，北京东苑公寓有限公司实际成为北京首农集团旗下的全资企业。

北京东苑公寓有着十分成熟的商务环境，位于朝阳区繁华的燕莎商圈，紧邻盛福大厦、发展大厦、南银大厦、鹏润大厦、希尔顿饭店、长城喜来登饭店、昆仑饭店、平安中心、美国大使馆、日本大使馆、韩国大使馆等。生活环境更是十分便利，一街之隔的蓝色港湾商区、几步之遥的燕莎购物中心、汇聚各国美食的好运街、德国学校、加拿大国际学校、青苗国际学校、朝阳公园等，优越的地理环境使东苑公寓成了最具人气的外籍人士首选居住场所。为了给客户提供舒适惬意的生活环境，公寓免费向客人开放游泳池、健身房、网球场、足球场、多功能厅、儿童娱乐室；还有收费合理的餐厅、商店、幼儿园、保洁服务；通勤、通学和购物班车。

东苑公寓十分重视客户的居住体验，希望能给这些远离故土的客人带来家的感觉。每年7月的“七夕夏祭”是日本的传统节日，更是夏日的狂欢。东苑公寓每年都会为客人精心准备这场盛大的聚会，全体员工参与其中，同时为500多人提供餐饮、娱乐、演出、抽奖等各项活动，深受客户好评。

在尊重日籍客户传统文化的同时，公寓也为他们提供了很多了解中国文化的窗口，书法、插花、水墨画……公寓专门为客人聘请专业老师带领他们领略中国文化的魅力。每年秋天会组织客人采摘一起分享丰收的喜悦。

企业获得的荣誉：

2004年7月，东苑公寓党支部书记许丽被北京三元集团有限公司党委评为“优秀基层党支部书记”；

2006年度，东苑公寓被北京市劳动和社会保障局评为北京市和谐劳动关系单位；

2007年，东苑公寓获得了“北京市和谐企业”称号；

2008年1月，东苑公寓再次被北京市劳动和社会保障局评为北京市和谐劳动关系单位；

2009年度，东苑公寓员工马英志被北京首都农业集团有限公司评为安全工作先进工作者；

2013年4月，东苑公寓员工邸世杰被北京市总工会授予“首都劳动奖章”称号；

2013年9月，根据《朝阳区服务企业安全生产标准化考评标准》的要求，经过专家组评审，东苑公寓符合《考评标准》，被评为北京市朝阳区安全标准化三级达标企业；

2016年12月，东苑公寓再次被评为北京市朝阳区安全标准化三级达标企业。

4. **中外合作北京三全公寓有限公司** 北京三全公寓有限公司是东风农场与香港三全工程有限公司采用中外合作方式组建的合营公司。该公司位于朝阳区麦子店亮马河南岸，占地9546.46平方米，总建筑面积54315平方米，为一座26层高的公寓建筑。项目总投资3516万美元，注册资本1276万美元，中外双方在合营公司注册资本中所拥有的股权比例为2∶8。三全公寓共有320套公寓住房及配套服务设施，包括餐厅、超市、健身房、游泳馆、美容中心、壁球室、网球场等。

三全公寓项目早期于1985年10月由北京市对外经济贸易委员会批准立项，1988年1月领取外资企业批准证书和营业执照。原外方投资人为香港三全工程有限公司，而后由日本邱永汉集团收购了香港三全公司。三全公寓于1995年4月开工建设，1997年12月竣工，1998年3月开始营业，主要是出租公寓并提供配套的服务。1997年12月22日，东风农场与项目外方即香港三全工程有限公司签订了委托经营协议书，双方约定由外方对三全公寓进行承包经营64年。

2018年12月，经三全公寓有限公司的中外双方一致同意，中方即北京市东风农场有限公司以210万元的对价向外方即香港三全工程有限公司转让了其在北京三全公寓有限公司注册资本中所持有的全部20%股权。

5. 中外合作北京环球名人俱乐部 东风农场与台湾羊羔记国际通商股份有限公司于1994年通过中外合作的方式组建了北京环球名人俱乐部有限公司。该合营公司于1994年12月领取了由北京市对外经济贸易委员会颁发的外资企业批准证书和由北京市工商行政管理局核发的工商营业执照。该项目总投资1100万美元，占地165亩，主要营业范围是建设和运营一个高尔夫球场及配套服务设施。由于国家政策的限制以及外商方面的原因，该项目始终没有正式启动并于1999年予以终止。

第三节 北京市通达房地产开发建设总公司

北京市通达房地产开发建设总公司现为北京市东风农场有限公司的托管企业。

北京市通达房地产开发建设总公司，原名称为北京市农工商联合总公司房地产开发建设公司，成立于1988年1月，1993年更名为北京市通达房地产开发建设总公司，1996年取得房地产开发（行业）二级资质，是北京市农工商联合总公司下属的全资子公司。时任北京市农工商联合总公司副总经理王庆英兼任北京市通达房地产开发建设总公司的首任总经理，任期从1988年至1993年，公司的首任党支部书记为李连。北京市通达房地产开发建设总公司是在1988年经北京市政府批准设立的专业化房地产开发企业，而当时北京市政府所批准设立的此类专业化房地产开发企业在全北京市范围内仅为10家。

通达公司注册资金3000万元，公司经营范围为开发建设用地、出租销售商品房、经济信息咨询、家庭装饰。公司组织形式为总公司，下设通达公司一、二、三、四、五、六分公司，同时与北京市农工商联合总公司系统内各农场和二级单位合作设立了北郊分公司、南郊分公司、东风分公司等十多家分公司，利用总公司系统内各农场和二级单位的自有土地进行房地产项目开发。通达公司还全资设立了北京新通物业经营管理公司、北京本土建筑设计所、北京金木建筑装饰有限公司等子公司。

通达公司自设立至2001年，先后自主开发建设了以下房地产项目。

1. 宣武区广安门外湾子项目 广外湾子项目1988年8月10日经北京市城乡建设委员会、北京市计划委员会下达开发规划设计任务通知〔(88)京建开字第194号〕，总建筑面积为26940平方米，其中部分作为拆迁安置房屋，销售的商品房价格按北京市物价局、北京市城乡建设综合开发办公室《关于湾子街住宅小区商品房售价的批复》〔京价（涉）字（1991）第3433号〕规定的价格销售，1993年以前销售完毕。

2. **朝阳区砖角楼项目**　朝阳区砖角楼项目，根据1990年5月3日北京市计划委员会、北京市城乡建设委员会北京市商品房开发建设计划调整单〔(90）京开计便第1号〕，将原由北京旅游建设开发公司立项的砖角楼项目转为通达公司开发建设，该项目建筑面积约67540平方米，房屋竣工后，部分房屋作为拆迁居民安置用房，所销售房屋1995年以前销售完毕。

3. **朝阳区北沙滩项目**　朝阳区北沙滩项目，根据1990年5月26日北京市城乡建设委员会、北京市计划委员会下达的1990年第一批商品房屋规划设计任务的通知〔(90）京计基字第336号〕，建筑面积约8200平方米，2002年以前销售完毕。

4. **海淀区安宁里小区项目一期**　海淀区安宁里一期1989年1月27日经北京市城乡建设委员会、北京市计划委员会立项批复〔（89）京建开字第028号〕，总建筑面积约64300平方米，1998年销售完毕。

5. **海淀区安宁里小区项目二期**　海淀区安宁里二期1993年7月31日经北京市计划委员会、北京市城乡建设委员会立项批复〔京计基字（1993）第1351号〕，总建筑面积约137425平方米，规证面积（实测面积）约125814平方米。其作为补偿给土地方的分成层建筑面积约34000平方米。

通达公司采取合作开发的形式建设开发了以下项目：

1. **丰台区高庄子项目**　丰台区高庄子项目为通达公司与丰台区煤炭公司合建项目，由丰台区煤炭公司以基建项目立项，在丰台区高庄子煤厂建设职工住宅楼。1996年1月15日通达公司与丰台区煤炭公司签订合建协议书，丰台区煤炭公司以建设用地出资，通达公司承担全部建设资金，分成比例为45∶55；1997年3月17日双方签订补充协议书，将分成比例调整50∶50。该项目总建筑面积约46000平方米。2001年9月20日以后，通达公司将分成的房屋交纳了土地出让金后销售。

2. **西城区北京市农工商联合总公司职工住宅楼项目**　西城区裕民路北京市农工商联合总公司职工住宅楼项目，1995年7月20日经北京市计划委员会立项批复〔京计基（农）字（1995）第0579号〕，项目总建筑面积约11770平方米。该项目由通达公司负责立项申报，与西城区政府机关建房管理处联建，通达公司配合办理相关手续，该住宅楼建成后全部由西城区政府收购用于机关干部福利分房。

3. **朝阳区北苑项目**　朝阳区北苑项目由中国人民解放军51125部队立项，1997年4月17日经中国人民解放军总后勤部批复〔（1997）后营字第186号〕。该项目利用北京卫成区警卫师高炮团朝阳区北苑机关营区的空闲土地，由51125部队与通达公司合作建房，项目总建筑面积7200平方米，双方按5∶5的比例分房，通达公司分得3600平方米房屋，办理了土地出让手续。由于该项目土地使用年限为50年，通达公司分得房屋后以成本价在北京三元集团内部进行销售。

4. **宣武区枣林前街危改项目** 宣武区枣林前街危改项目1994年2月22日经北京市宣武区计划委员会、北京市宣武区城市规划建设管理委员会立项批复〔宣计字（1994）第17号〕，初步规划拆除危旧房屋面积2.9万平方米，新建房屋总建筑面积6.8万平方米，其中住宅2.8万平方米，公建及配套设施1万平方米。

由于项目投资较大，通达公司自有资金不足，项目采取合作开发的形式。其中枣林前街1号、2号楼由通达公司与北京华电房地产开发有限责任公司合作开发，枣林前街6号楼由通达公司与北京首汽实业股份有限公司合作开发。

2001年3月20日经北京市宣武区人民政府危改房办公室批复〔宣危改字（2001）05号〕，2002年3月4日经北京市发展计划委员会、北京市建设委员会批复〔京计投资函字（2002）第135号〕，将宣武区枣林前街危改小区项目正式转由北京达和通房地产开发有限公司开发建设。

5. **朝阳区小黄庄项目** 朝阳区小黄庄危改项目1992年11月经朝阳区人民政府危旧房改造办公室批复，1993年5月25日经北京市朝阳区计划委员会立项批复，该项目共分为四个组团。

（1）甲组团。总建筑面积约75337平方米，有住宅、办公用房、配套用房等。该组团由通达四分公司与中国安泰经济发展公司、北京市环旅饭店服务公司、中国人民解放军空军房地产管理局等单位合作建设，其中空军房地产管理局在危改规划区域有房产，房屋建成后以部分房屋对其进行补偿。该组团房屋1998年以前已销售完毕。

（2）乙组团。总建筑面积33243平方米。该组团由通达公司与北京万象新贸易发展有限责任公司合作开发，万象新公司负责提供项目的全部资金并取得该合作项目全部商品房的所有权，通达公司协助办理相关手续。

（3）丙组团。总建筑面积约31552平方米，其中住宅楼约31130平方米，为小黄庄危改项目拆迁居民安置房和商业配套用房。

（4）丁组团。总建筑面积21158平方米，该项目1996年12月23日经北京市朝阳区计划委员会立项批复〔（96）朝计字第293号〕，通达公司取得该项目规划许可证后因资金问题，2000年7月14日经朝阳区计委、建委批复〔朝计字（2000）第178号〕，将该项目转让给北京市金通世纪房地产开发有限公司。

通达公司采用联合开发模式（北京市农工商联合总公司系统内企业以通达公司分公司立项开发的项目）建设开发了以下项目：

1. **朝阳区南沙滩项目** 朝阳区南沙滩旧平房区危改项目1993年3月6日经北京市计划委员会、北京市城乡建设委员会立项批复〔京计基字（1993）第265号〕。1993年4月25日经朝阳区人民政府危旧房改造办公室批复列入朝阳区危旧房改造计划。项目总建筑面积69000平方米，由通达公司第五分公司开发建设，项目的建设资金由通达五分公司自筹解决，通达公司负责办理各项手续。该项目于2002年以前销售完毕。

2. **大兴区和义项目** 大兴区和义项目由国营北京市南郊农场牛奶公司以南郊牛奶公司职工宿舍立项。1993年12月3日北京市农工商联合总公司将该项目中的8000平方米（6号、11号两个楼座）交由通达公司南郊分公司开发建设，另有3栋住宅楼（建筑面积11937.3平方米）也由通达公司南郊分公司开发建设。为平衡项目资金，将项目中的部分房屋转为房地产开发项目（21673平方米）并对外进行销售。

3. **昌平区金达园项目** 昌平区金达园小区项目于1996年4月19日经北京市计划委员会，北京市城乡建设委员会批复〔京计基字（1996）第0286号〕，由国营北京市北郊农场与通达公司北郊分公司合作开发，资金来源由通达公司北郊分公司筹措，通达公司协助办理相关报批手续。该项目总建筑面积24100平方米，由通达公司北郊分公司开发建设，房屋竣工后，由通达公司北郊分公司负责销售。

4. **海淀区鑫雅苑项目** 海淀区鑫雅苑项目于1998年4月20日经北京市计划委员会、北京市城乡建设委员会批复〔京计基字（1998）第0463号〕，总建筑面积61000平方米。该项目由北京三元食品有限公司与通达公司联合开发。项目所需全部资金由三元食品有限公司筹措。项目的开发建设由通达公司西乳项目部承担，房屋销售收入归三元食品有限公司所有，通达公司配合办理相关报批手续。

5. **昌平区通达花园项目** 昌平区通达花园小区经济适用房项目于2000年2月28日经北京市发展计划委员会、北京市建设委员会批复〔京计基字（2000）第0233号〕，总建筑面积约90600平方米。房屋竣工后按北京市规定的经适房价格销售，已于2000年销售完毕。

截至2016年，北京市通达房地产开发建设总公司的各个分公司和子公司均已吊销或注销。截至2018年12月31日，确认通达公司账面资产总额3557.66万元，负债总额23566.20万元，所有者权益－20008.54万元。

北京市通达房地产开发建设总公司的第二任总经理为陈建国，任期1993—1997年。

第三任总经理兼党委书记为苟长明，任期 1997—2001 年。

1997 年 6 月，经北京市农工商联合总公司的统一部署，北京市通达房地产开发建设总公司与北京市农工商联合总公司旗下的另一个全资企业即北京市志力工程咨询公司合并重组，保留北京市志力工程咨询公司的牌子。

北京市志力工程咨询公司的前身为北京市国营农场管理局建筑设计所，成立于 1979 年，于 1992 年更名为北京市志力工程咨询公司。该工程咨询公司（北京市国营农场管理局建筑设计所）在 2002 年之前，承揽了北京市农工商联合总公司（北京市国营农场管理局）系统全部中小型建筑工程的设计任务。北京市志力工程咨询公司于 2005 年改制成为民营的北京本土建筑设计有限公司。

第四节　北京市康乐工贸有限公司

北京市康乐工贸有限公司是北京市东风农场有限公司旗下的全资子公司。

北京市康乐工贸有限公司暨北京华康宾馆的法定地址为北京市朝阳区麦子店街 78 号。该公司成立于 1981 年 5 月 14 日，原名称为北京康乐饮料厂。

20 世纪 80 年代初期，在京郊的 16 个国营农场中都有一些职工和知青由于家庭困难或个人健康等原因需要返回北京市内工作，但由于当时正值国家改革开放，百废待兴之时，农垦行业之外的就业形势不容乐观。于是，为了解决这些农场职工和知青的返城就业问题，新恢复建制不久的北京市国营农场管理局于 1980 年初成立了北京市长城农工商联合企业劳动服务公司（该公司于 1984 年与北京市长城农工商联合企业供销公司合并成为北京市农工商联合总公司商业服务公司即后来的北京市华成商贸有限公司）负责安置农场返城的职工和知青。

经北京市国营农场管理局申报，并经北京市计划委员会〔(81) 京计工字第 012 号文件〕、北京市经济委员会〔(81) 经字第 011 号文件〕和北京市农林办公室〔(81) 京政农 4 号文件〕批准，北京市长城农工商联合企业劳动服务公司于 1981 年 1 月组建了北京康乐饮料厂。北京康乐饮料厂的前身是国营北京市东风农场所属的东风棉丝厂，位于朝阳区麦子店地区。根据北京市计划委员会、北京市经济委员会和北京市农林办公室的批复，北京市国营农场管理局将东风棉丝厂（占地 5.83 亩，房屋建筑 58 间共 937.5 平方米）从北京市东风农场整体划转至北京市长城农工商联合企业劳动服务公司并将其改建为北京康乐饮料厂。建厂当年，康乐饮料厂又从东风农场（东风乡）所属麦子店大队亮马桥生产队购置土地 4.85 亩，并在该土地上新建生产用房 32 间，总建筑面积 860.5 平方米。北京康乐饮料厂的第一任厂长是高平安，第一任党支部书记是耿玉兰。

为扩大生产，1985 年 4 月，北京康乐饮料厂又从东风农场（东风乡）所属麦子店大队亮马桥生产队购置土地 4.86 亩以及地上房屋 32 间，总建筑面积 500 平方米。在这块新购置的土地上，康乐饮料厂又新建了生产生活及仓储用房 29 间，总建筑面积 888 平方米。1984 年 10 月，经北京市城市规划管理局批准，北京康乐饮料厂在厂区内建设了一座四层楼的糕点生产车间，总建筑面积 2403 平方米。1986 年 7 月，康乐饮料厂新糕点车间竣工并投入使用。

自北京康乐饮料厂投产以来，主要生产天湖牌汽水、天湖牌乌梅汁等饮料和各种糕点，其中双黄月饼曾经在市场上享有盛誉。

1988 年 8 月，经北京康乐饮料厂的上级北京市农工商联合总公司商业服务公司决定，面向社会公开招聘康乐饮料厂厂长和副厂长。经过数轮考试和评比，1988 年 10 月，新聘任的厂长李克明和副厂长兼党支部书记石冀京开始在康乐饮料厂就职。

1991 年以来，北京康乐饮料厂开始逐步退出食品饮料生产行业并将原生产车间改造成为办公设施对外出租。1992 年 5 月，北京康乐饮料厂更名为北京市康乐工贸公司并开始在厂区内建设宾馆设施。1994 年 7 月康乐工贸公司投资建设的康运宾馆竣工并于 1994 年 10 月投入商业运营。康运宾馆位于朝阳区麦子店街区主街，总建筑面积 5517.9 平方米（地上 5 层、地下 1 层），标准客房 86 间（套）以及餐厅、咖啡厅、理发室、健身房等配套服务设施。当时由北京市旅游事业管理局定为三星级旅游饭店。

1998 年 6 月，经上级单位北京市华成商贸公司决定，任命刘建成为北京市康乐工贸公司总经理，刘淑萍为副总经理兼党支部书记。1999 年 4 月，康运宾馆更名为北京华康宾馆，由刘建成兼任北京华康宾馆总经理。

2011 年 2 月，经上级单位北京首农集团有限公司决定，将北京市康乐工贸公司整体从北京市华成商贸公司划转至北京市东风农工商公司。而后，北京市东风农工商公司任命赵青雷为北京市康乐工贸公司总经理、党支部书记兼北京华康宾馆总经理。

2012 年年初，北京市康乐工贸公司决定根据市场需求调整华康宾馆的经营模式，将宾馆转型为商务写字楼。华康宾馆当年 4 月停业，6 月启动改造工程，11 月改造工程全部竣工，12 月新改造的商务写字楼面积全部顺利出租。

北京市康乐商贸公司占地面积 7627.54 平方米（土地权证面积），院内总建筑面积为 11627.5 平方米，其中华康宾馆总建筑面积 5517.9 平方米、1 号综合楼建筑面积 1017.9 平方米、2 号写字楼建筑面积 2419.8 平方米、3 号写字楼建筑面积 2651.7 平方米。

2017年按照北京市国有资产监督管理委员会的要求，北京市康乐工贸公司进行了国有企业公司制改革，改制成为有限责任公司，其名称由北京市康乐工贸公司变更为北京市康乐工贸有限公司。截至2018年12月31日，确认公司的资产总额1670.91万元，负债总额1877.46万元，所有者权益－206.55万元。

第三篇

经营管理篇

东风农场是一个诞生于计划经济时代的城郊型国营农垦企业。建场之初，农场具有两项主要职能，其一是为市场生产农副产品，其二是向社会展示国营农场的先进性从而带动农村集体农业和小农经济向社会主义的国营大农业过渡。1958—1978年的20年中，东风农场的管理体制几经重大调整，从单一型国营农场到并入大型人民公社到恢复单一型国营农场再到吸收合并东风乡形成以场带乡的国营农垦模式，都是在延续这样的社会实践。改革开放之后，特别是经过场乡体制改革和北京市城市规划建设的重大调整之后，东风农场的管理体制、经营方针、产业结构、发展方向等都经过了脱胎换骨的巨大变革。

第八章 企业管理体制、经营方针和产业结构

60年来，东风农场的企业管理体制、企业经营方针和企业产业结构随着时代的变迁而不断得以调整和改变。

第一节 全国农业展览馆农场时期

在全国农业展览馆农场时期，作为全国农业展览馆的附属农业生产基地，全国农业展览馆农场的核心功能和经营主业为采用最先进的农业耕作技术，种植和栽培全国最好的农作物品种并对外展示；采用最先进的畜牧业养殖技术，养殖和生产全国最好的种畜产品并对外展示；采用最先进的农业机械，展示全国最好的农业机械化生产技术。

在管理体制上，全国农业展览馆农场在组建初期是隶属于全国农业展览馆的事业单位。1958年12月，国家农垦部决定将全国农业展览馆农场下放至北京市，农场成为北京市农林水利局下属的独立自主经营的国营企业。全国农业展览馆农场实行场长负责制，农场下设农业队、畜牧队、果树队、基建队、农机队、酒厂等生产单位，均为实行独立核算的非法人企业。

第二节 国营北京市种畜场时期

1959年1月—1961年6月，在全国农业展览馆农场被相继并入朝阳人民公社、星火人民公社和中德友好人民公社期间，虽然上级单位从北京市农林水利局变更为各种人民公社，但农场自身的管理体制相对比较稳定，仍然实行场长负责制，领导各个生产单位进行有序的生产和建设。但是，由于不再隶属于全国农业展览馆领导，全国农业展览馆农场也不再具有面向全国展示先进种植养殖技术、优良农作物与畜牧品种的核心功能，其生产经营方针也转变为根据国家计划生产优质农牧业产品包括优良作物籽种和优良种畜等产品，独立核算，自负盈亏。

1961年4月，全国农业展览馆农场脱离中德友好人民公社，恢复了原国营农场的身

份，接受北京市农林局和朝阳区政府的双重领导。1961 年 6 月，全国农业展览馆农场正式更名为国营北京市种畜场，同时朝阳区又将原星火人民公社的将台洼大队和原朝阳区所属的朝阳农场划归国营北京市种畜场。国营北京市种畜场的经营方针为：繁殖培育和推广优良品种，农牧并举，多种经营，作为北京市优良作物籽种和优良种畜的生产基地。种畜场建立了中国共产党的基层党委并实行党委领导下的场长负责制，统一领导各个生产队以及一分场（原朝阳农场）和二分场（原将台洼大队）从事农牧业生产经营活动。

1964 年 4 月，北京市国营农场管理局成立，国营北京市种畜场成为北京市国营农场管理局的直属企业。

第三节　国营北京市东坝农场时期

1964 年 8 月，国营北京市种畜场更名为国营北京市东坝农场，经营方针为以畜牧为主，农牧结合，多种经营。农场继续实行党委领导下的场长负责制，统一领导全场的生产经营活动。

第四节　国营北京市东风农场时期

1966 年 8 月，国营北京市东坝农场更名为国营北京市东风农场，经营方针为以粮为纲、农牧并重、多种经营、全面发展。更名不久，“文化大革命”发生了，党委停止工作，场长被打倒，东风农场一度陷入混乱局面，正常的生产经营秩序被打乱。1967 年 3 月，解放军毛泽东思想宣传队进驻农场，实行以军代表为核心的领导体制。1968 年 2 月，东风农场成立了革命委员会，成为新的领导核心。在革命委员会的统一领导下，东风农场的农牧业生产经营活动逐步恢复正常。

1968 年 11 月，北京市国营农场管理局的建制被撤销，国营北京市东风农场被下放到北京市朝阳区，成为朝阳区的所属企业。

1970 年 4 月，经中共北京市朝阳区委批准，东风农场成立了新的党委会，实行党委领导下的革命委员会主任负责制，组织和领导农场各个生产单位的生产经营活动。

第五节　以场带乡的东风农场时期

1978 年 8 月，经北京市朝阳区委区政府的部署，国营北京市东风农场与朝阳区星火人民公社合并，同时挂国营北京市东风农场和北京市朝阳区东风人民公社两块牌子，开始了具有中国农垦特色的国营农场场社合一（后为场乡合一）运营模式。该模式的主要特点是实行党委统一领导，农场和公社（后为乡政府）独立运营，以场带社（乡）、以国营带集体，以国营农场较强的经济实力和科技实力带动和扶持村社（乡镇）集体经济的发展，而村社（乡镇）集体经济也为国营农场的发展提供了人力、土地等有效资源和广阔的战略纵深。国营集体互为依托、农场政府相互支持，实现双赢。1978—1998 年的 20 年间，东风农场正是沿用这样一种模式，使农场和村社（乡镇）和谐共处、国营和集体携手前行，实现了东风乡地区经济的稳步发展。场社（乡）合一管理体制的主要内容是党委统一领导国营农场和公社（乡镇）政府的工作，农场实行党委领导下的场长负责制，这种管理体制和管理模式总体上是成功和有效的。

1979 年 3 月，北京市政府恢复了曾在“文化大革命”期间被撤销的北京市国营农场管理局的建制。实行场乡合一体制的东风农场被重新划归北京市国营农场管理局（1984 年更名为北京市农工商联合总公司）。东风农场即东风公社（东风乡）党政企领导的任免调整需要由北京市国营农场管理局和朝阳区委共同协商确定。

第六节　场乡体制改革后的东风农场时期

1998 年 11 月，经过北京市政府主导的场乡体制改革，东风乡政府、乡属村落、乡镇集体经济和集体企业与东风农场全部脱离。东风农场恢复了原来的纯国有企业身份，完全归属于北京市农工商联合总公司领导，不再接受朝阳区委的领导。东风农场实行党委领导下的场长负责制。农场的产业结构经过了重大调整，一产农业种植业和养殖业已经全部退出，二产工业生产制造业也开始有序退出。

第七节　北京三元置业有限公司时期

2001 年 7 月，按照上级北京市农工商联合总公司的部署，国营北京市东风农场即北京市东风农工商公司与北京市通达房地产开发建设总公司合并重组为北京三元置业有限公司。2001 年 7 月—2003 年 2 月，北京三元置业有限公司实行总经理负责制。2003 年 2 月—2010 年 10 月，北京三元置业有限公司实行公司董事会领导下的总经理负责制。企业的产业结构进行了进一步的调整优化，工业生产制造业已经全面退出，确定了以房地产及配套的商业服务和社区服务业的开发建设为主营业务。

第八节　北京市东风农工商公司时期

2010年10月，按照上级北京首都农业集团有限公司的部署，东风农场恢复了原来的建制和北京市东风农工商公司的名称，北京三元置业有限公司成为二级企业。北京市东风农工商公司实行总经理负责制，负责领导企业的各项工作。

第九章　企业文化建设

企业文化是企业的血脉，是员工的精神家园，是增强企业凝聚力和创造力的重要源泉和不竭动力。近20年来，东风农场/公司党委对提升本企业的文化软实力非常重视，坚持以文化创新激发企业的凝聚力，为东风的发展注入强大的精神动力。东风农场/公司党委着力营造“家文化”和“干事文化”，倡导“用心做企业，真心待员工，爱心对家庭”的理念，通过丰富多彩的文化建设载体，形成了团结、务实、奋进的良好氛围。2012年，党委组织举办“说出我的故事”主题演讲、举办健康知识讲座、举行体育比赛及健步走等一系列活动，在企业内部开设文化生活广角，丰富员工生活。对在职业道德、家庭美德、社会公德中涌现出的优秀员工和先进事迹进行表彰，发挥榜样力量。同时还组织员工积极参加上级首农集团举办的题为“共筑千亿首农梦”的微电影拍摄大赛，用镜头真实记录了“最美首农人”陈一夫积极投身建筑事业，为企业改革发展做贡献的感人故事，获得了首农集团微电影大赛三等奖。

2000年，东风农场首份纸质刊物——《东风农场报》创刊，标志着农场党委宣传工作迈出了新的一步。2001年9月，《东风农场报》更名为《三元置业报》。同年，东风网站（官网）正式建立，机关各部室、基层各单位都分别配备了兼职通讯员。该企业报刊按月发行，每月一刊，一次印刊200份，于月初分发至企业领导班子成员、总部机关各部室和各基层单位。企业报刊坚持正面宣传为主，为东风的改革发展和生产经营创造了良好的舆论氛围。报刊以宣传报道的方式及时使广大员工了解东风的发展动态，通过报道东风重点项目进展、党建活动、各项培训工作、工会共青团活动等情况，使东风的干部员工都能及时了解企业的经营状况、发展趋势、员工思想动态、有关企业的活动等。使全体员工深入了解和感知东风的企业精神，从而有力推动了东风的精神文明建设和企业文化建设。

2008年北京三元置业有限公司举办了《三元置业报》百期庆典颁奖活动。2011年全面改版《三元置业报》，节约了成本、提升了水平。以新理念、新形势、新面貌、新方法积极推进企业的文化宣传工作，利用宣传媒介，强化企业的经营管理理念。关于东润枫景项目的专题报道《枫林夜景看东润》获得了北京市企业好新闻二等奖。《三元置业报》被评为首农集团系统内的优秀企业内刊。

2012年，由于企业正式更名为北京市东风农工商公司，企业刊物也随之更名为《东风农工商》。东风公司党委利用《东风农工商》和东风网站，积极宣传公司在经济建设和党建工作方面所取得的成绩，激发干部员工的积极性。公司党委提出了“团结、务实、创新、向上”的企业文化，做到“心往一处想、话往一处说、劲往一处使、事往一处干”。坚持实事求是，做到决策中有新思路，执行中有新举措，有魄力、有激情、有目标地开展各项工作。大力倡导“家文化”和“干事文化”。承继农场职工的那份淳朴、父辈人一辈子对事业的忠诚。在干事上计划阶段追求完美，执行阶段追求效率，评价阶段追求公正，使每一名员工高高兴兴上班来，心情舒畅回家去。举办东风特色文化活动，丰富员工的精神生活。东风公司于周五下午开设了东风文化生活广角，组织员工进行羽毛球、篮球、乒乓球、歌咏等形式多样的文体活动。利用三八妇女节举办女工十字绣展览、健身操比赛；利用“五四青年节”举办主题演讲、拓展训练；利用六一儿童节举办员工子女书画展览等，使大家在紧张的工作之余愉悦身心、释放压力、加强沟通，增强凝聚力。

随着互联网的飞速发展，为发挥网络功能，展示企业风貌，拓宽宣传途径，2001年，东风农场网站正式建立，在该网站上设置了“企业概况”“新闻中心”“旗下企业”“主导产业”“文化建设”和“联系我们”6个栏目，各级栏目内容重点突出了企业的主营业务、运营状况、品牌建设等。一级栏目“新闻中心”下设三个二级栏目，定时更新首农集团、东风公司和基层企业的新闻动态。

为拓宽宣传渠道，创新服务手段，2017年公司正式开通了“东风农工商公司”微信公众号，微信用户通过关注公众号即可在手机上浏览公司信息，了解东风的各项工作情况。“东风农工商公司”微信公众平台的开通，是公司党委在加强新形势下新媒体宣传的一项重要举措，同时也是在移动互联网发展时代，满足社会各界和广大企业员工信息需求、提升企业服务水平的积极尝试。“东风农工商公司”微信公众号设“走进东风”“新闻中心”“党群工作”3个版块，每个栏目里又设置了若干细化的小栏目，通过点击相应栏目，便可实现查询企业简介、主导产业、企业动态、企业微视、纸质报刊、党建工作、廉政建设、共青团及工会工作信息，同时添加了公司网址链接，及时掌握公司发展动态。微信公众号的建立，进一步推进了信息新媒体建设，加强了企业信息宣传、舆论引导、职工互动和服务能力，提升了企业品牌形象的传播力和影响力。

第十章 履行社会责任

在跨越六十年的浩浩岁月中，东风农场/公司的党委和广大干部职工始终如一把履行社会责任视为东风人的义务。无论是在人均收入很低的创业年代还是在员工薪酬较高的改革开放时期，每当社会上出现重大灾情之时，广大东风人都会责无旁贷，慷慨解囊，踊跃捐款，扶危济困。同时，东风农场/公司也总是在灾情发生时尽其所能捐款捐物、鼎力相助，展现国有企业坚定履行社会责任的人文情怀和担当意识。

1991 年我国江淮流域和华东地区遭受了重大的洪水灾害。灾情发生后，在农场党委的动员下，东风农场的广大社员、职工、离退休人员等在 7 月 25—30 日，纷纷捐款支援灾区人民抗洪救灾重建家园，全场 51 个单位共捐款39228元，其中离休党员干部侯生动将平日积攒的 1000 元钱全部捐给了灾区人民。

1995 年 9 月 2 日，东风乡居民科组织全乡 477 户居民为希望工程捐款 4000 元并与河北省张北县白庙滩乡二八地村小学和三塔户村小学的 10 名失学儿童建立了助学联系。

1998 年 6 月 1 日东风乡妇联和共青团委在东风乡联合组织“献出一片爱心，帮助特困儿童”的募捐活动，共筹集捐款 2000 元。

1998 年我国南方的长江流域和北方的嫩江、松花江流域出现洪水灾情。东风农场（乡）紧急动员，于 8 月 13—21 日组织捐款救灾活动，共有 3913 人参加捐款，总金额为 295508 元。在向灾区捐款的同时，东风农场（乡）的 48 个单位共 4416 人又向灾区捐赠衣被 20460 件，由区民政局统一组织发往灾区。

在 2002 年 3 月 21 日北京三元置业有限公司所组织的“传真情、送真意、献爱心”募捐活动正式启动。在此次活动中，共收到捐款 9318 元、募集衣物 12 件。

2003 年春天，在北京突发非典疫情期间，东风人积极响应公司党委的号召为战斗在抗击非典第一线的医务工作者奉献爱心捐款，共有 453 人捐款 22476 元。

2006 年 11 月，三元置业公司干部、员工为东风地区慈善机构捐款 3021 元。

2008 年 5 月，三元置业公司党委动员向汶川地震灾区捐款，东风干部、员工共捐款 43553 元。

2010 年 4 月，三元置业公司党委组织公司员工为玉树地震灾区捐款，共募集善款

33415 元。

中日合资北京东苑公寓有限公司员工肖学伟来自农村，2012 年他家里的蔬菜大棚不慎失火，财产损失严重。在外务工的肖学伟为此心急如焚。于是，东风大家庭向其伸出了爱心之手，东苑公寓党支部和工会对肖学伟给予了一定的经济补助，同时向上级工会申请了帮扶救助。2013 年 5 月 14 日，北京市东风农工商公司党委和工会向困难员工肖学伟送上了爱心救助资金。

2016 年 3 月，中日合资北京东苑公寓有限公司餐厅厨师胡佐平 3 岁女儿胡诗岩患上急性淋巴型白血病。得知此消息后，北京市东风农工商公司党委非常重视并研究制定了帮扶计划。随后，公司党委派人到北京大学人民医院看望慰问了正在住院治疗的胡诗岩小朋友，送去了慰问品和东风大家庭的问候。公司还为此张贴了捐款倡议书，动员各部门各单位员工捐款献爱心。此次活动共筹集善款 28600 元，由公司党委转交给胡佐平。

1980 年以后，首都经济建设突飞猛进，进入高速发展时期。为了配合北京市政府所主导的城市基础设施建设，东风农场心系发展、顾全大局，甘愿牺牲企业利益，为履行好国有企业的社会责任做了以下的奉献：①为修建北京东四环路提供了 70 亩土地；②为建设朝阳公园提供了 4298 亩土地；③为修建公共交通朝阳区南十里居公交汽车总站提供了 14 亩土地。

第四篇

职　工　篇

中国农垦农场志丛

第十一章　干部管理

1999 年以来，按照《东风农场干部考核制度》，逐年对农场基层领导班子进行全面考察，同时对新任领导干部进行跟踪考察。东风农场同时颁布了《关于加强审计监督实施办法》，对所有单位的财务进行全面审计，包括常规审计、年度审计和离任审计。通过制度化的严格考察和考核，使农场党委对每个领导干部的思想情况、工作情况、廉洁自律情况、遵纪守法情况等都有了全面的了解。

1999 年 4 月，结合东风农场总部机关的机构改革，从总部机关开始，实行全员自荐和考察推荐相结合的干部聘任制度，并于 7 月在基层企业实行了厂长（经理）聘任制度，机关科室以上职员、基层厂长（经理）聘任上岗，有职责，有任期，有工作目标，有待遇标准，打破了铁饭碗，解决了干部能上不能下的弊病，加大了干部调整和交流的力度。当年全场领导干部交流调整达 16 人，占领导干部的 55％以上。其中包括基层单位间交流、总部机关和基层单位间交流，单位岗位间交流等。通过调整交流，使领导干部队伍进一步年轻化、知识化、专业化。

2003 年，三元置业公司党委进一步明确了干部的职责分工，完善了责任制，规范了各种班子会的召开形式，严格了会议制度。坚持党委中心组学习制度，安排好学习计划并建立了严格的考勤制度。在非典的非常时期，领导班子仍然坚持党委中心组的学习。定期对后备干部队伍进行考察，整理充实后备干部队伍，并报上级集团公司党委组织部备案。

2005 年，三元置业公司党委组织基层领导干部和工会干部参加上级三元集团的改革改制工作培训。党委实施对领导干部的谈话制度，包括考察谈话、任职谈话、工作谈话和诫勉谈话。坚持开展反腐倡廉教育，组织各级领导干部学习《国有企业领导人员廉洁从业的若干规定》和集团公司纪委转发的反面典型案例，组织领导干部参观反腐倡廉警示教育展览，进一步增强了领导干部遵纪守法，廉洁奉公的自觉性。

2006 年，三元置业公司党委继续坚持对领导干部的谈心谈话制度。为保证基层企业领导班子调整和总部机关部室负责人新一轮聘任工作的顺利进行，党委分别采取个别及集中谈话的办法，做好干部的思想工作，在岗位职责、思想作风、廉洁自律等方面向他们提出了要求。春节前后分别与部分基层领导干部谈话，了解思想状况，对干部中存在的思想问题有针对性地做好工作。

2008年，公司党委加强对干部的培训教育，组织各种学习班、培训和讲座。党委组织了党支部书记培训班，就如何当好党支部书记、做好党建工作、加强支部建设、加强党员教育管理，发挥党支部政治核心作用和党员先锋模范作用等问题进行了系统的学习培训。为全面提高干部素质，党委组织了领导干部高级管理技能培训的讲座。公司党委坚持对干部的谈心谈话制度，同时开展好对基层领导班子进行民主考察评议。三元置业公司党委根据企业的长远发展需要，坚持对后备干部的培养路径，坚持“技术干部靠引进，管理干部靠培养”的原则，先后招聘了十余位大学毕业生作为管理型人才储备。同时，公司党委从总部机关选派了5名政治素质好，工作能力强，有强烈事业心和责任感，有培养前途和发展潜力的优秀青年干部到机关部室和基层企业挂职锻炼，其中2名硕士研究生直接安排到机关办公室和企管部任副职，另外三名大学生安排到东苑公寓、朝阳公寓和朝阳高尔夫俱乐部任总经理助理。挂职锻炼时间为期一年，五位挂职锻炼的后备干部在7月份进行了一次述职，9月组织汇报交流活动，年底组织有关方面对这5名挂职干部进行评议和综合评定。在上级集团公司召开的2008年政治工作汇报会上，三元置业公司党委书记尹跃进就三元置业公司对企业后备干部进行着力培养的工作做了典型发言。在上级集团公司青年岗位锻炼工作会上，公司党委书记尹跃进代表三元置业公司又做了引导性发言。王东生作为三元置业的后备青年干部被派到集团公司机关人力资源部进行4个月的岗位锻炼，这是上级集团公司对三元置业公司后备干部培养工作的肯定。

2009年以来，三元置业公司党委提出：在基层企业中要努力搭建和谐、稳定、高效的领导班子，在班子中大力提倡团结合作、敢于担当、敢于负责、务实高效的工作态度，并结合企业的规模、营运、专业、结构和特点对领导班子的权责进行调整，使公司逐步向“倒金字塔”的管理方式转变，精简办事流程，提高工作效率，达到扁平式管理的目标要求。同时努力完善对中层领导干部的培养、选拔、任用、考核、评价的工作机制。公司提出对干部的培养应做到有目标、有计划、有过程，对干部的选聘应做到有重点、有竞争、有变动，对干部的考核应做到定量与定性相结合，对干部的评价应客观公正。公司通过在中层干部中推行竞聘上岗，提高了选人用人的公信度，突破发展瓶颈，充分发挥了中层干部中流砥柱的作用，构架科学、合理的干部梯队。公司党委努力创新干部培养思路，结合优秀青年干部的自身优势，大胆起用年富力强、有较高专业知识背景，有激情有干劲的青年人才，引领青年融入企业中心工作、服务改革发展大局、立足岗位成长成才。通过培养、选拔、起用年轻干部，激发青年人的激情与斗志，坚定他们忠于企业、忠于事业的决心和意志，为公司的持续发展积蓄宝贵的人力资源，逐步形成合理的中层干部梯次。

从三元置业到东风农工商，公司党委始终以班子建设为依托，多年持之以恒，着力打造和谐、团结、高效的各级领导班子。2012年以来，公司党委坚持着力建设政治坚定、团结和谐、干事创业的领导班子。远谋近施，提高统揽全局的本领；善作善成，提高科学谋划的本领；敢抓敢管，提高务实办事的本领。着力打造忠诚、纯洁、担当的中层干部队伍。公司党委通过从严抓作风建设、从严抓监督落实、从严抓履职能力，不断加强领导干部政治素质、业务能力的培养及考核。公司党委相继制定出台了《北京市东风农工商公司领导人员履职待遇、业务支出管理办法》《领导干部出差出访请假报告制度》等规定，对领导干部公务用车、接待用餐、差旅办事等事项进行了严格的限定和要求。公司党委还组织开设了《宏观经济分析》《互联网思维》《企业经营模拟沙盘》等培训课程，提高中层干部的政治素养、形势研判、企业管理等多方面的综合素质和能力。公司党委还积极开展对基层领导班子和领导干部的民主评议和百分考核，强化对各级干部的考评及监管力度，着力打造科学、合理、有活力的干部队伍。公司党委坚持对青年干部的培养，倡导给青年人"搭台子""压担子""给位子"，结合青年人才的自身优势，大胆起用政治坚定、年富力强、知识丰富、有激情有干劲的青年人才，到重点岗位、重点项目上挑重担、长本领。

第十二章　知识青年

我国政府自20世纪50年代出台了鼓励支持城市知识青年“上山下乡”到农村工作就业的方针政策，并在1968—1976年有了最大规模的实施。在“上山下乡”的运动中，全国的国营农场都是城市知识青年（主要指初中毕业生和高中毕业生）工作就业的首选场所。北京市的农垦系统从1960年开始接收城市知识青年工作和就业，原来作为农场的正式职工，但自1971年以后按照当时的政策改称“插场知青”。这个鼓励城市知识青年上山下乡的政策至1977年正式终结。1960—1977年共有十几届北京的城市知识青年到北京各个国营农场工作就业，成为北京农垦系统建设和生产的生力军。

东风农场自1961年开始接收城市知识青年，而后又于1971年、1974年、1975年和1976年陆续接收了四批作为插场知青的城市知识青年，到农场安家落户的知识青年总数达到600多人。这些城市知识青年是东风农场职工队伍中的重要组成，是东风农场生产建设中的重要力量，在东风农场企业运营和改革发展的各个阶段都发挥了突出的作用。他们中的一些人而后又从东风农场出发参军入伍、考上大学和出国深造，还有一些人经过农场生活的历练而逐步走上农场和基层单位的领导岗位，担负起重要的责任和工作。这些城市知识青年都是东风农场的宝贵财富。

1961年9月，来自北京市东城区、西城区和崇文区十几所中学的133名1961届初中毕业生和高中毕业生经北京市教育局和北京市劳动局分配，到国营北京市种畜场参加工作。这是农场自成立以来接收的第一批城市知识青年。这批知识青年史称“61届知青”。在社会主义建设的大潮中，他们很快就融入了国营农场的生产建设学习生活之中，成为坚定、坚强、乐观、合格的东风人。这批知青后来都成为东风农场的骨干力量并活跃在农场的各个领导和技术岗位上直至退休，其中的贾玉莳、叶复兴等成为东风农场的副场长。

1971年2月，来自北京西城区、东城区和朝阳区十几所中学的270名1970届初中毕业生经北京市劳动局分配，到国营北京市东风农场参加工作。这是东风农场接收的第二批成规模的城市知识青年，史称“70届知青”。这批知青属于“文化大革命”中所产生的一个特殊群体。他们大多数因为自己的家庭出身问题，失去了参军入伍、进入工厂教育商业系统工作的机会而被分配至国营农场务农，当时的称谓叫“可以教育好的子女”。尽管如此，这批“70届知青”没有消沉、没有颓唐，而是以积极向上的精神，很快就融入东风农场的大家庭之中努力工作，奋发有为，并逐步成长为东风生产建设经营发展大业中的先锋力量。他们其中很多人逐步走上领导岗位并取得了杰出的业绩。

东风农场于1974年、1975年和1976年又接收了3批来自北京市东城区、崇文区和朝阳区有关中学的应届高中毕业生总计139人作为“插场”知识青年到农场工作。由于这三批应届高中毕业生的“插场”知青身份，他们可以享受政府为此量身定制的政策，因此他们大多都在东风工作两三年之后回城由当地劳动局重新分配了工作。

第十三章　教育培训

东风农场的历届党委都非常重视在职员工的成人学历教育、在职继续教育、职业培训和素质教育，并在员工教育培训中投入了大量的人力、物力和财力。

农场党委于1995年制定了《东风农场乡镇企业培训工程规划》，于1996年成立了北京市农工商联合总公司职工大学东风分校，开办了一个大专班（88人）和一个中专班（38人）。党委要求，不具备中专以上学历的男50岁，女45岁以下的干部都要参加分校培训课程的学习。

农场党委还认真贯彻执行《北京市职工教育条例》并建立了从业人员的知识培训、资格培训、岗前培训和技术培训等制度。多年来，先后有8000人次的在职员工接受了岗位资格、新技术等级等技术培训。

2008年，北京三元置业有限公司相继组织开展了对基层党支部书记的政工培训、对中层管理干部的综合管理能力培训、对新入职大学毕业生的岗前工作培训以及对公司内部各级财务人员、工程预算人员和安全工作负责人员的对口业务培训等。

2009年，结合党中央在全党组织开展的科学发展观教育活动，公司党委聘请北京市委科学发展观讲师团成员、北京大学教授李茂春来公司进行专题讲座式培训，详细讲解了提出科学发展观的时代背景，科学发展观的深刻内涵和重大现实意义。公司机关和所属企业的党员领导干部共70多人参加了培训。通过此次培训，使公司上下的党员领导干部对科学发展观有了更系统的理解和更深刻的认识。

2010年，公司组织开展了包括大众化知识培训、名人名企论坛和专业技能培训等三种培训模式。各个模式都涵盖了对不同方向和文化内容的讲解，也包含了对专业技能的解析，将普遍性与专业性进行有效结合，使受训员工在提高了专业技能的同时也提高了心理素质。

2011年，公司组织了系列培训课程。聘请管理学博士、经济学博士后张军教授做“打造基于卓越文化的执行力”的讲座。公司领导班子成员、基层企业领导干部和公司机关的全体员工都参加了培训。

2012年，公司选派若干领导班子成员参加清华大学经管学院EMBA班核心课程的学习。公司还组织年轻干部进行了为期三天的拓展训练，旨在提高年轻干部的综合素质。

2014年，公司针对不同的员工群体组织开展了系列的培训活动：①开设房地产开发知识讲堂；②对青年员工进行场史教育；③开设通讯员培训班；④财会人员岗位继续教育培训；⑤对入党积极分子进行党史教育；⑥组织基层党支部书记学习党的十八届三中全会精神；⑦组织公司总部员工学习财务知识；⑧组织消防安全知识讲座；⑨组织有全员参加的物业管理培训班，以适应未来企业转型的需要。

2015年，公司组织开展了四次有针对性、实操能力强、覆盖范围广的员工培训，包括“互联网思维与创新”“情商修炼与高效沟通”“职业化塑造与员工置业素养”等，以提高员工的知识水平、置业素质和身心健康。

2016年，公司与诚通人力资源机构合作，在全公司范围内开展对青年员工、中层干部、公司全员三个模板的培训，培训内容包括宏观经济形势分析与企业对策、企业经营管理沙盘课程、企业执行力等。同年还进行了生产安全工作的培训，以外聘讲师与外出参观相结合为形式。

2017年，公司组织开展了系列培训活动：①消防安全知识培训；②入党积极分子培训；③人力资源管理培训等。充分利用党员网络学习的平台，使线上线下的培训相结合，使自主学习与集中培训相结合，收到了很好的效果。

第十四章　文体活动

东风农场坚持以基层为主、小型多样、寓教于乐、健康向上为原则，在全场开展群众性的文艺体育活动，使广大职工和农民群众的业余文化生活丰富多彩，陶冶情操、扩大交流、增进感情、振奋精神，增加了企业的凝聚力和向心力。

建场之初，农场职工的文化体育活动从棋类、球类比赛和民族器乐等小型活动开始，逐步发展和建立了书法、美术、摄影、集邮等爱好者组织。职工们还因陋就简，组织排练各种小型戏剧、舞蹈、演唱等文艺节目。随着农场经济的发展和条件设施的改善，农场开始组织各种知识竞赛、演讲比赛、歌咏大会、服装表演、女工巧手工艺展览会等活动。自20世纪70年代以来，东风农场每年都组织一次有全场职工参加的春季运动会和全场性的棋类球类比赛等活动。

1984年，东风乡豆各庄村建立了尚武馆并组织了以本村农家子弟为主的武术队。1986年，豆各庄精华武馆建成，多年来在宋志平总教练的指导下，培养出很多少年武术人才，向北京市体校输送了多名武术尖子，在北京市级和朝阳区级的各种武术比赛中多次获奖。

1985年，东风奶牛场职工俱乐部成立，开辟了棋艺室、阅览室、电视室、乒乓球室等活动场所以及"光荣榜""合理化建议"等墙报专栏。奶牛场党支部和工会组织专家为奶牛场职工举办有关奶牛饲养技术和科技知识的讲座，使职工俱乐部从单纯娱乐型向知识技术型进行转变。在上级北京市农工商联合总公司工会的主持下，东风奶牛场职工俱乐部的经验在全国农垦系统进行了大面积推广。

进入20世纪90年代以来，东风农场不断涌现出新的群众性文化团体，书画协会、戏迷协会、交谊舞协会、棋类协会、摄影协会等。群众性的文体活动逐步向深层次和高品位发展。农场先后举办了全场性的书画摄影展览、书法讲座、绘画培训班、交谊舞提高班等活动，为东风地区的群众性文化生活助力。

多年来，东风农场积极参加北京市、朝阳区和北京市农农工商联合总公司组织的各项文体活动，在农场内部相继组织了"场庆30周年""迎亚运、迎七运、争办奥运""迎香港回归庆十五大"等活动，还积极参加北京市农工商联合总公司组织的"文化艺术年"活动、“迎亚运万人千公里接力跑”活动以及各类游泳、棋类、球类、广播操等比赛并多次获得优异的名次。

1999年，东风农场党委积极组织开展以爱国主义为中心，以北京市农垦系统成立五十周年、中华人民共和国成立五十周年、澳门回归等三大政治活动为契机，进行一系列的宣传教育活动，组织有关的知识竞赛、建国五十周年知识问答、诗歌联唱“祖国颂”、有关澳门回归的知识普及等。

2001年，农场举办了以“迎五一助申奥”为主题的双达标活动；举办了“更年期职工保健知识讲座”；组织职工参加北京市“安康杯”健身球展示大赛和上级总公司的登山活动并取得了优异的成绩。

2003年，北京三元置业有限公司工会为职工购买体育用品，大力组织集体性的体育活动。以6月9—13日北京市体育活动周为契机开展有组织的锻炼活动，公司总部机关带头开展晨练活动。

2006年，公司工会组织参与上级集团公司组织的大型运动会，共报名参加了8个项目，此外还组织了70余人的团队参加入场式。同年还组织了公司职工到泰山旅游。

2008年，公司工会举办了女职工插花比赛，作为以企业文化为载体的思想政治工作亮点。从会前筹备到会场布置，从评奖方式到赛后奖品都体现了创新意识。公司共青团组织于5月份组织团员青年参加了奥运文明礼仪知识竞赛，并在奥运召开前的8月5日举办了别开生面的文明礼仪展示活动。公司组织开展安全知识竞赛，聘请24名参赛选手为公司安全知识教员或安全监督员。公司组织参与了奥运啦啦队活动，30人的啦啦队全部由机关人员组成，体现了良好的心理素质和职业道德。

2009年，公司举办了丰富多彩的三八妇女节活动。工会女职工委员会组织了“养颜护肤”礼仪知识讲座，开展了以“我相信 我时尚 我美丽”为主题的三八时装秀活动。包括裁艺大比拼、时尚佳选、我做设计师等三组娱乐项目。公司还组织了职工参与北京影响力的投票活动，组织职工参加上级集团公司的职工歌咏比赛，展示了公司的形象，增强了集体荣誉感。

第十五章　职工福利待遇

第一节　职工收入

1982—2018 年东风农场职工（国企部分）平均工资见下表。

年份	全场平均工资［元/（人·年）］	年份	全场平均工资［元/（人·年）］
1982	758	2001	17676
1983	915	2002	21099
1984	1121	2003	26504
1985	1402	2004	30076
1986	1494	2005	44100
1987	1654	2006	58562
1988	1856	2007	67934
1989	1818	2008	78974
1990	2020	2009	79476
1991	2209	2010	93008
1992	2247	2011	74198
1993	3104	2012	83059
1994	3526	2013	88485
1995	6144	2014	146712
1996	6651	2015	158797
1997	7487	2016	153819
1998	10638	2017	170168
1999	12295	2018	178674
2000	13606		

备注：以上数据均从农场人力资源部现存清算表中提取，为东风农场的汇总数据。

第二节　职工住房

建场之初，农场职工大部分居住在简易的集体宿舍，房屋都是征用土地后迁走的农民房，设施简陋破旧。1983 年，东风农场改建、翻建和新建了平房宿舍 242 间，使 200 多户职工的居住条件得到了改善。1984年，农场投资70万元兴建了东风第一栋职工宿舍楼，以后又采用联建合作方式加快了东风住宅小区的开发建设。到1997年底，东风住宅小区内兴建了28栋宿舍楼，1832套公寓式住宅，住宅小区的总建筑面积114868平方米，其中东风农场职工的住宅为855套，总建筑面积54844平方米。东风小区内水、电、气齐备，粮店、食品店、理发店、洗衣店、自行车停车场、机动车停车场等设施完备，绿化率达到30%。东风小区物业管理中心应运而生，按照现代化的物业管理标准，向东风住宅小区的居民提供全方位、高品质的物业管理和服务。

东风农场自1993年开始推行住房制度改革，面向农场职工住户出售农场自有产权的职工宿舍楼房。截至1997年末，共向现住户出售住房579套，总建筑面积33770平方米，累计收回售房款1270万元，公共维修基金104万元，其中农场职工购房389套，占东风小区内职工居住户数的94%。

第三节 职工福利事业

东风农场非常重视农场的公益福利事业并投入大量资金用于发展农场的公益福利事业。有关项目如下：

东风乡敬老院建于1958年。场社合一以后，东风农场投资对敬老院进行了大规模的升级改造，该敬老院于1989年被评为北京市先进敬老院，1989—1997年每年都被评为朝阳区先进敬老院。

在农场的部署下，1983—1985年，东风乡豆各庄、六里屯、辛庄等大队率先实行农民退休金制度。

1987—1991年，农场投资为在东风小区居住的本场职工免费安装了换气扇、天然气灶具、天然气热水器和防盗门。

1989年，农场投资为本场的1950名职工建立了家庭财产保险，保险期5年。1994年续保5年，保户为1987人。

1994年，农场投资在东风小区内安装了有线电视收视系统，小区内1600户家庭安装了有线电视收视装置。

1996年，农场投资对农场的职工之家和老干部之家进行改造升级，修建了680平方米的健身场所，为广大职工和老干部的文体生活提供了方便。

1997年，农场无偿提供14亩土地，与北京市公交集团合作建设了413路公交汽车总站，使413路和408路公交车进入东风地区，为农场职工和当地群众的出行提供了方便。

东风农场医务室建于1958年，1974年扩大规模，开设了化验室和夜间急诊。多年来始终坚持以治病、防病和保健为内容开展工作。在农忙、水利工程建设、基本农田建设时期，医务人员深入田间、地头、车间、工地，送医送药巡回治病，是东风人健康的守护者。

1958年成立了星火公社卫生院，1978年场社合一期间更名为东风乡医院，1988年再次更名为东风医院。东风医院坚持预防为主的方针，在东风乡大力宣传卫生保健知识，提高群众的卫生意识，定期为当地的儿童和青少年检查身体，注射防疫针，增加向合作医疗的投入，改善各村落卫生室的医疗条件，在献血工作中连续数年超额完成献血任务。

在推行医疗制度改革方面，东风农场于1987年取消了沿用多年的三联记账单，堵塞漏洞节约开支。1989年实行职工医药费按工龄划分档次的报销制度。1995年实行大病医疗费统筹制度。1997年实行医疗费按工龄、档次所规定的比例报销制度。

东风农场幼儿园建于1958年，1981年迁入新址，占地2400平方米，建筑面积500平方米。幼儿园的经营方针是：一切为了孩子，为了孩子的一切，为了一切孩子。该园认真执行国家的幼儿教育规程，力求入园儿童得到德智体美均衡发展。幼儿园早先只接收农场职工的孩子，后来面向社会招生，从服务职工发展为服务社区。

农场的职工食堂建于建场之初，多年来为保障职工的生活发挥了重要的作用。在农场历届领导的重视下，农场职工食堂不断改善设施环境、提高食品质量和服务质量、加强内部管理和成本核算，深得农场一线职工的好评。1995年，职工食堂迁址至东风商业区，结束了内部食堂的功能，转型为社会餐厅。

第五篇

党建工作篇

在六十年的东风发展史中，中国共产党始终是东风农场的坚强领导核心。随着农场的发展壮大，东风农场党委和各基层党组织也在不断发展壮大，党员队伍不断扩大，党员干部的政治素质和业务素质不断提高，党建工作、思想政治工作、纪检监察工作、党风廉政建设工作等都在不断地巩固和加强。

第十六章　党的基层组织沿革

1958年3月全国农业展览馆农场成立，成为全国农业展览馆下属的实验农场。由于规模小、党员少，全国农业展览馆农场当时只建立了中国共产党的基层支部委员会，归属于全国农业展览馆党委领导。农场党支部书记由全国农业展览馆农场场长陈锦余兼任。

1958年12月农垦部决定将全国农业展览馆农场下放到北京市，归属于北京市农林水利局领导。全国农业展览馆农场党支部成为北京市农林水利局党委下属的基层党组织。

1959年1月，根据上级的部署，全国农业展览馆农场并入朝阳人民公社，农场党支部改为朝阳人民公社党委下属的基层党组织。

1959年4月，根据上级的指令，全国农业展览馆农场并入新成立的星火人民公社，农场党支部又成为星火人民公社党委下属的基层党支部。1959年9月，陈锦华场长调离，由王云华任全国农业展览馆农场场长，赵景岑任农场党支部书记。

1959年10月，根据上级的安排，全国农业展览馆农场又随星火人民公社一起并入新成立的中德友好人民公社，全国农业展览馆农场更名为中德友好人民公社酒仙桥生产大队二站。农场党支部归属于中德友好人民公社党委。由于党支部书记赵景岑调任中德友好人民公社党委副书记，中德友好人民公社党委派高德胜担任农场党支部书记。

1961年4月，中德友好人民公社解体，全国农业展览馆农场也恢复了原来的名称和独立法人身份，成为北京市朝阳区的区属单位。5月，经中共朝阳区委批准，全国农业展览馆农场正式成立党委，由王宗绪任第一任党委书记。按照当时的建制，全国农业展览馆农场党委归属于朝阳区星火人民公社党委。

1961年6月，全国农业展览馆农场更名为国营北京市种畜场，业务上归属于北京市农林局，党组织关系归属于中共北京市朝阳区委。

1964年1月，北京市国营农场管理局成立，国营北京种畜场成为北京市国营农场管理局的直属单位，国营北京市种畜场党委归属于北京市国营农场管理局党委领导。

1964年8月国营北京市种畜场更名为国营北京市东坝农场。农场党组织关系归属于北京市国营农场管理局党委。

1966年8月国营北京市东坝农场更名为国营北京市东风农场。农场党组织隶属于北京市国营农场管理局党委。

1966年10月，“文化大革命”开始，东风农场的党政主要领导被打倒，党委工作陷于瘫痪状态。1967年3月解放军支农毛泽东思想宣传队进驻东风农场。1968年2月，在军宣队的主持下，东风农场成立了革命委员会，掌控农场的党政工作。同时还成立了东风农场党的领导核心小组，相当于农场的党委会。农场革命委员会主任为张士达，同时兼任农场党的领导核心小组组长，相当于农场党委书记。

1968年11月，北京市革命委员会决定撤销北京市国营农场管理局的建制，原局属各个国营农场被下放至所在区县。国营北京市东风农场被下放至北京市朝阳区，东风农场的党领导核心小组归属于中共北京市朝阳区委领导。

1970年4月，经朝阳区委部署，东风农场成立了新一届党委会，由王化林任党委书记，恢复了党组织的正常建制。东风农场党委归属于中共北京市朝阳区委领导。

1978年8月，经朝阳区委区政府部署，东风农场与朝阳区星火人民公社合并，挂国营北京市东风农场和北京市朝阳区东风人民公社两块牌子，成立新的党委统一领导国营农场、公社政权和农村集体经济等工作。李凌新任党委书记。新一届党委归属于中共北京市朝阳区委领导。

1979年3月，北京市国营农场管理局即北京市长城农工商联合企业成立，对包括国营北京市东风农场在内的全市16个国营农场实行双重管理体制，以北京市国营农场管理局为主，农场所在的区县为辅进行共同管理。农场党委书记和场长由北京市国营农场管理局提出人选，经与所在区县党委协商同意后报中共北京市委农村工作部任免，农场党委副书记和副场长由北京市国营农场管理局提出人选，经与所在区县党委协商同意后由北京市国营农场管理局党委任免。在此体制下，东风农场党委基本上归属于北京市国营农场管理局党委领导。农场当时的党委书记为李凌新。

1983年3月，中共北京市委决定，北京市国营农场管理局即北京市长城农工商联合企业正式改为北京市农工商联合总公司。东风农场党委归属于北京市农工商联合总公司党委领导。

1998年10月，经过北京市政府主导的北京市国营农场系统场乡体制改革，东风农场与东风乡的乡级政权和农村集体经济彻底分离。东风农场恢复了原来的纯国有体制，农场党委完全归属于北京市农工商联合总公司党委。农场当时的党委书记为高振泉。

2001年1月，国营北京市东风农场正式更名为北京市东风农工商公司，党委书记为尹跃进。

2001年7月，经上级北京市农工商联合总公司决定，北京东风农工商公司与北京市通达房地产开发建设总公司合并组建北京三元置业有限公司。党委书记为苟长明。

2003 年 2 月，经上级北京三元集团有限公司决定，北京三元置业有限公司按照现代企业制度成立董事会，实行董事会领导下的总经理负责制。北京三元置业有限公司党委书记兼任公司董事长，党委书记为尹跃进。

2010 年 10 月，经上级北京首都农业集团有限公司决定，东风农场恢复北京市东风农工商公司的名称和建制。北京市东风农工商公司党委直属于北京首都农业集团有限公司党委领导。北京市东风农工商公司党委书记为王明革。

2017 年 12 月 28 日，北京市东风农工商公司正式更名为北京市东风农场有限公司，公司党委直属于北京首都农业集团有限公司党委领导。北京市东风农场有限公司党委书记为何冰。

第十七章　党建工作

第一节　组织建制

1958 年建场初期，全国农业展览馆农场只有 10 名党员，组建了农场的党支部。1959 年随着农场规模的扩大和党员人数的增多，农场党支部升格为党总支。

1961 年 5 月，经中共朝阳区委批准，农场成立了党委会，并根据农场各个生产经营单位的建制在基层建立了 10 个党支部。自成立党委会以来，尽管农场的名称先后更改为国营北京市种畜场、国营北京市东坝农场和国营北京市东风农场，农场的隶属关系也经过多次调整，但东风农场党委会的组织建制始终没有变化。

1966 年 9 月，东风农场开始受到“文化大革命”的冲击，农场的各级党政领导被打倒，农场的党政权力由造反派组织把持，党委会陷于瘫痪状态。1967 年 3 月，解放军支农毛泽东思想宣传队进驻东风农场，成为执掌农场党政权力的临时机构。1968 年 2 月，东风农场成立革命委员会和党的领导核心小组，代行党委会的领导职能。

1970 年 4 月，经中共朝阳区委部署，东风农场成立了新一届党委会，恢复了党的正常领导工作。

从 1978 年到 1998 年的场社（乡）合一阶段，东风农场党组织的规模达到最大，党员总数达到最多，当时在党委以下设立了两个党总支和 45 个党支部，党员总数为 637 名。

1998 年以后，东风农场恢复了原来国有企业的身份，农场党委会与乡镇政府、村落和乡镇集体企业完全分离，党委会的组织结构、组织规模、基层支部和党员数量都有所缩小。

截至 2018 年末，北京市东风农场有限公司党委以下共设立基层党支部 10 个，在职在岗的党员总数为 97 名。

第二节　思想建设

东风农场的党组织在各个历史时期都始终坚持马克思列宁主义毛泽东思想，听从党中央的号令，遵从党中央的决策，服从党中央的路线，执行党中央的方针政策，与党中央和上级党组织保持高度一致。

东风农场党组织始终注重党员的思想建设和思想政治工作。在农场的创业时期，条件艰苦、环境恶劣、生产任务重、党员人数少，农场党支部（党总支）团结全体党员发扬艰苦奋斗的精神，吃苦在先、冲锋在前，哪里有困难哪里就有共产党员；在农场的脏、累、差、苦等岗位上都活跃着党员的身影，处处体现了共产党员的先锋模范作用。改革开放以来，农场党委坚决贯彻执行党中央在新时期的路线方针政策，拨乱反正、转变观念、解放思想，率领全体党员积极投身于改革开放的时代大潮，创办了一大批新型的工业企业和商业企业，大胆引进外商兴办了一批高质量的外资企业。

东风农场各届党委还积极组织全体党员踊跃投身于党的十四大以来的各个政治学习活动之中：三讲、三个代表、保持共产党员先进性、科学发展观和群众路线实践教育、三严三实专题教育、两学一做学习教育活动等。农场党委始终坚持对党员进行党纪党风党性教育，教育党员在社会主义市场经济的大潮中要坚定共产主义的理想信念，教育党员克己奉公、爱岗敬业、清正廉洁、全心全意为人民服务。多年来，在东风农场的党员中涌现出很多先进人物：农业队的吕润和，两次被评为市级标兵，多次被评为区级和局级先进工作者和优秀共产党员；畜牧场的张志忠和商贸服务公司的沈永福，三次被评为市级标兵和优秀共产党员。

第三节　组织建设

农场历届党委在组织建设上重点抓了以下的重点环节：

一是加强党委自身的建设。党委在学习制度、班子团结、民主集中、表率作用等方面都有明确的规定，形成了民主议事、集体决策、沟通思想、求同存异的工作作风和勤政、廉政、团结、进取的对外形象。东风农场第四届党委的党委书记李凌新，堪称党务工作的楷模。他主持党委工作 17 年，作风民主、廉洁奉公、思想解放、开拓进取，团结党委一班人，积极发展工业制造业和社会服务业，发展外资企业，调整产业机构，为振兴农场的经济打下坚实的基础。李凌新书记于 1989 年被中共中央组织部评为全国优秀党务工作者。农场党委严格按照领导干部的“四化”标准，根据年龄结构、文化结构和老中青的合理比例进行班子的配备，使农场党委成为高学历、高素质，既经验丰富又继往开来的领导核心。

二是把基层党组织建设成为坚强的战斗堡垒。农场按照“党管干部”的原则，高标准、严把关，选择政治上强、理论水平高、富有进取心、能够驾驭复杂局面、胸襟开阔、廉洁自律、团结同志、群众威信高的优秀党员任基层党总支和党支部书记，进一步加强了党组织的凝聚力和向心力。

三是在外资企业中建立党支部。1986—1989 年，东风农场党委率先在农场所开办的中日合作北京朝阳高尔夫俱乐部、中日合作北京朝阳公寓和中日合资北京东苑公寓有限公司这三个外资企业中分别建立了党支部，开创了北京农垦系统外资企业中建立基层党组织的先河，在整个北京市中外合资企业和中外合作企业中都是比较早和比较成功的。

四是做好党员发展。东风农场的历届党委都始终坚持发展党员的十六字方针：坚持标准、保证质量、改善结构、慎重发展。既要发展壮大党员队伍，满足党积极分子加入党组织的愿望，又要确保新党员的质量，确保党组织的先进性。改革开放以来，农场历届党委将党员发展的重点放在生产一线职工和青年知识分子上，成熟一个发展一个。截至场乡合一的 1995 年，东风农场共有正式共产党员 637 名。截至 2018 年末，东风农场在职在岗党员人数为 97 名。在党委的坚强领导下，东风农场的共产党员都能够在生产经营工作中当先锋、作表率，其中很多党员被评选为北京市、朝阳区和北京农垦系统的优秀共产党员。

五是建设好干部队伍。东风农场党委本着“党管干部”的原则，积极引进专业技术人才和知识人才，为农场各个产业和基层企业的发展打造高质量的技术干部队伍。截至场乡合一的 1996 年，农场党委通过从社会上引进、从大学招收以及自己培养等方式共积蓄技术干部总数为 521 人。农场大专以上学历的毕业生占农场职工总数达到 18%。农场党委还注意将一批优秀的青年知识分子放在相关的领导岗位上进行挂职锻炼，从而培养出一批德才兼备的后备干部。

六是重视和做好老干部工作。东风农场历届党委都非常重视有关农场建场以来做出过重大贡献的老干部和老党员的工作。1983 年建立了老干部党支部，1988 年建立了老干部活动站和健身房，定期组织旅游、定期体检、定期慰问，使农场的老党员老干部们老有所养、老有所为、老有所乐、老有所医，安心愉快度晚年。

第四节　精神文明建设和思想政治工作

东风农场党委在社会主义精神文明建设方面，重点加强了四项基础工作：一是提高广大干部群众对加强精神文明建设重要性的认识；二是明确精神文明建设的主要内容，在精神文明建设中实行“两手抓”即一手抓思想道德建设，一手抓教育、科学、文化建设；三是坚持以教育为主，组织动员群众，发挥群众在精神文明建设中的主体作用；四是建立健全农场精神文明建设委员会及基层相关的组织，明确责任到人，确保全场精神文明建设的健康开展。

改革开放以来，农场党委认真把握社会主义精神文明建设的实质，以建设“四有”社会主义公民和“四有”职工队伍为目的，积极开展爱国主义教育、集体主义教育、社会主义教育和艰苦创业献身改革的教育，大力倡导文明礼貌、助人为乐、保护环境、遵纪守法的社会公德，尊老爱幼、男女平等、夫妻和睦、邻里团结的家庭美德，爱岗敬业、诚实守信、服务群众、奉献社会的职业道德等“三德”教育，培养高尚的思想情操，形成良好的社会风气。在教育活动中，农场党委采取职工自我教育的方法，充分发挥黑板报、橱窗、专栏、小报、图书室的作用，通过知识竞赛、演讲比赛、座谈会、讨论会、参观展览、精神文明创建等专题活动，将社会主义精神文明建设做得生动活泼，卓有成效。

思想政治工作是中国共产党的优良传统和政治优势所在。自1982年以来，农场党委陆续开展了“文明礼貌月”“五讲四美三热爱”“单位花园化家庭花园化建设”等活动。1984年组织500名青年职工进行政治培训。1989年组织“知场、爱场、为场”“职业道德和爱岗敬业”等专题讨论。1990年在全场开展了“基本路线基本国情”“爱党爱祖国爱社会主义”“职业责任、职业道德、职业纪律、职业技能”为主题的“双基、三热爱、四职业”大型思想教育活动。

农场党委还结合重大活动积极开展职工思想教育。1988年在场庆30周年的活动中，党委提出以“发扬艰苦创业、献身农垦的农场精神”和“树立团结求实、开拓进取的农场意识”为主线，相继开展了“十大新闻”评选活动、征文活动和文艺汇演，使场庆活动得到极大的丰富，职工受到极大的教育。1990年以“迎亚运、迎七运、争奥运”活动为契机，农场党委开展了学雷锋树新风、文明用语、优质服务、文明执法、整顿交通秩序及爱国卫生等宣传活动。参与了上级北京市农工商联合总公司组织的“迎亚运圣火万人千里接力赛”、时装表演、书画摄影展览等活动。在1997年，围绕香港回归和党的十五大召开，农场党委组织了“迎回归、庆七一”综合文艺活动包括歌咏、秧歌、花会、武术表演等内容，还组织了“香港百年沧桑知识竞赛”、征文、黑板报等活动。

1996年以来，农场党委以创建文明村、文明单位、文明家庭、文明窗口以及建文明班组、创文明岗位、做文明职工等活动为载体，印制2500张“首都市民文明公约”的宣传卡片，发放到全体职工和农民的手中，还制定了乡规民约、村规民约、职工守则等规章制度，在东风地区予以贯彻执行。党委还注意发挥先进人物的模范带头作用，通过多种途径宣传他们的先进事迹。1996年，农场党委将沈永福、吕润和等6名场级先进人物的事迹编写成册，发到基层科室和车间班组，大力宣传无私奉献、爱岗敬业的精神。60年来，东风农场出席北京市级以上先进的有：集体 41 次、个人 119 次（1980—1997 年）；出席朝阳区级和北京市农工商联合总公司级先进的有：集体 532 次、个人 1017 次（1977—1997 年）。

1998 年，东风农场党委按照党中央的决策和上级党组织的部署，坚决开展同法轮功的斗争。党委组织全场干部职工认真学习了党中央和北京市委的有关文件精神、学习报刊登载的揭批法轮功的文章，组织农场内部练习法轮功的职工积极参加其所在党支部的活动，认清法轮功的邪恶本质，与法轮功在思想上和组织上彻底划清界限，彻底摆脱法轮功组织的精神控制，使这些职工彻底醒悟。

东风农场党委以五一、七一、十一、澳门回归等重大节日和政治活动为契机，通过制作系列板报、画报、墙报等方式开展全场范围内的思想教育。同时通过邀请著名专家学者来场举办讲座，对干部职工进行宏观政治经济形势教育，加深干部职工对国家改革开放、经济建设和国际形势的了解。

进入 21 世纪以来，为提升企业文化，促进精神文明建设，全面反映干部职工在改革创新、爱岗敬业、诚实守信等方面的优秀品质，北京三元置业有限公司党委组织大力宣传本公司内部的先进人物和先进典型，努力在企业内部形成“人人学习模范，人人争当模范”的新风；在三元置业报上刊登了“最美首农人”“安全标兵”“年度孝星”的光荣事迹，使大家直观地了解了模范身上闪光点的产生过程。公司党委组织开展了“党员意识提升”“聚力首农梦，党员率先行”等活动，组织参加了上级集团公司举办的题为“共筑千亿首农梦”的微电影拍摄大赛，用镜头真实记录了“最美首农人”陈一夫积极投身建筑事业，为企业改革发展献身的感人故事。三元置业报刊登了“不忘初心，继续前进”“我的家规家训家风”“敬业八小时、做好今日事”等系列活动的优秀征文，展现了职工的价值观和精神风貌。

2015 年，北京市东风农工商公司获得了“北京市精神文明建设先进单位”的荣誉称号。

第五节　党风廉政建设和纪检监察工作

在党风廉政建设和反腐败的工作中，东风农场历届党委都旗帜鲜明地把端正党风、加强廉政建设和反腐败作为党建工作中的大事和要事。党委教育广大党员认真学习“廉政准则”等党内反腐倡廉的文献，教育党员保持坚强的党性和崇高的道德操守，自觉抵制奢侈、浪费、贪污、受贿、腐败等不正之风。农场党委制定了一系列有关党风廉政建设的规章制度，包括公务用车的规定、公务招待的规定、公务差旅的规定等，认真执行上级党组织关于实行领导干部个人事项报告的制度，以及个人收入登记、个人礼品登记和个人住房登记等制度，对廉政建设和反腐败工作进行有效的制度安排。另外，党委还组织党员和党员领导干部参观北京市纪检委有关反腐败实例的展览和北京市第一监狱有关职务犯罪事例的展览等，对党员和党员领导干部进行经常性的反腐警示教育。这些反腐倡廉活动都收到了很好的效果。

1999年，东风农场党委严肃处理了两起党内违纪事件，有党员干部因为严重违法乱纪被开除党籍，另有党员干部因在审计中发现问题被停职检查并进行了纪律处分。

2004年，三元置业公司党委组织党员干部深入开展学习、宣传、贯彻《中国共产党党内监督条例》和《中国共产党纪律处分条例》，开展党纪条规知识测试活动。为配合学习答卷，公司购买了书籍，发给党员人手一册，组织开展党纪条规知识测试活动，发出测试卷146份，全部收回。

2006年，根据上级集团公司纪检监察工作精神，公司党委组织开展效能监察工作。通过制度落实和程序化落实，从源头上加强对干部的监管。通过与基层领导班子成员谈心谈话、民主生活会、民主评议活动等方式，加强对领导干部的思想作风教育。通过学习《党章》、坚持两个务必传统教育，落实党风廉政建设和“三重一大”相关制度。

2008年以来，公司党委始终坚持以党风廉政建设为抓手，促进反腐倡廉工作的不断深入，积极推进惩防体系建设，有针对性地制定防控措施，着力形成以岗位为点、程序为线、制度为面的廉洁从业风险防控机制。严格落实“三重一大”决策制度，扎实推进党务公开和政务公开的工作，加强对重大事项决策、重要人事任免、重大项目安排、大额度资金运作等事项的监督，规范权力运行和决策行为。建立健全“五条防线”，植入全面风险管理，构建腐败风险预警防线；植入企业文化建设，构建思想道德防线；植入公司治理结构，构建决策风险防线；植入企业内部控制，构建权力运行风险防线；植入责任约束机制，构建惩处腐败的惩戒防线。公司党委坚持深入开展效能监察工作，紧紧围绕企业的战略规划目标，把效能监察融入生产经营管理，增强效能监察强化内控、保证发展、服务大局的作用。公司党委还有针对性地组织各级领导干部参观北京市工程建设领域职务犯罪巡展、深入开展“小金库”专项治理、举办党风廉政建设知识竞赛等。通过这一系列的主题活动，警示党员领导干部要心存敬畏、谨言慎行、遵纪守法、拒腐防变。公司党委重视建立健全党务公开机制，按照上级集团公司的统一部署，通过专题研究，成立党务公开领导小组，制定党务公开实施方案，落实党务公开管理办法。

2012年党的十八大以来，北京市东风农工商公司党委深入学习贯彻中央、北京市和上级集团公司关于加强党风廉政建设的一系列重要指示精神，保持党风廉政建设常抓的韧劲、长抓的耐心，警惕“四风”反弹回潮，持之以恒落实中央八项规定，作风建设不断引向深入。公司党委积极推进防控体系建设，强化制度保障，建立不能腐的有效机制，制定《北京市东风农工商公司党风廉政建设责任制度》，用具体制度约束党员领导干部的行为。公司党委将党风廉政建设工作纳入全年工作指标，参与绩效考核，统一领导，统一评价。签订《党风廉政建设责任书》，强化责任主体。利用干部聘任前后、重大节日前等关键时间节点开展警示教育，要求党员领导干部自觉在廉洁自律上追求高标准，远离违纪红线。畅通举报渠道，拓宽群众监督渠道，通过公司网站、《东风农工商报》及各单位宣传栏公布举报电话，设立举报箱，自觉接受群众监督。

东风农场建场60年来，场级领导班子和二级基层领导班子中从未出现过任何重大的贪污腐败现象。

第十八章　工　　会

东风农场于1961年正式建立工会组织。从1961年至1979年东风农场工会隶属于北京市朝阳区工会领导，从1979年以后归属北京市国营农场管理局（1984年改称为北京市农工商联合总公司，2002年10月改制为北京三元集团有限公司，2009年5月重组为北京首农集团有限公司，2017年12月重组为北京首农食品集团有限公司）工会领导。

从1961年开始至2018年期间，东风农场工会共计选举产生了11位工会主席：第一任工会主席张醒民（1961年10月至1962年12月）、第二任工会主席高继（1962年12月至1964年10月）、第三任工会主席李维崇（1964年10月至1969年4月）、第四任工会主席苗鸿儒（1973年8月至1980年6月）、第五任工会主席宋贵仓（1980年6月至1984年1月）、第六任工会主席崔德兴（1984年1月至1984年11月）、第七任工会主席苗鸿儒（1984年12月至1990年7月）、第八任工会主席张文才（1990年7月至1994年9月）、第九任工会主席戎向寅（1994年9月至2010年5月）、第十任工会主席高智慧（2010年6月至2016年6月）、第十一任工会主席任占伟（2016年9月至2018年12月）。

东风农场工会的历任主席在任职期间都能够在农场党委的领导下和上级工会组织的指导下，认真履行职责，积极开展工作，充分发挥工会组织在企业生产经营和改革发展中的作用，坚持党的领导、参与企业经营、推动改革发展、保障职工权益、组织技术培训、开展文体活动、增加全员福利、维护企业稳定。

东风农场工会从1985年开始进行了为期10年的整建（整顿工会组织、建设职工之家）活动。在整建活动中，东风农场工会建设的职工之家于1986年被上级北京市农工商联合总公司工会评为先进职工之家。1993年开始，相继在北京东苑公寓、北京朝阳公寓和北京朝阳高尔夫俱乐部三个外资企业中建立了工会组织，成为北京市国企系统维护外资企业中职工权益的典范。

近60年来，东风农场工会在组织职工开展社会主义劳动竞赛、推进企业的民主管理、坚持职工代表大会制度、维护职工合法权益、为职工办实事、开展“送温暖工程”等方面都做得有声有色。在组织开展社会主义劳动竞赛的活动中，改革开放之前是“比学赶帮超”，改革开放之后完成了四个转变即由劳动密集型向技术知识型转变、由生产劳动型向经营管理型转变、由一线工人的劳动竞赛向行政科室的全员竞赛转变、由单纯劳动领域向精神文明建设思想领域转变。劳动竞赛始终坚持以技术革新、技术比赛和技术培训为主要形式，1987—1994年，农场工会共收集合理化建议1338件、从事技革技改技术攻关项目134项、技术培训174次。

在工会参与企业的民主管理方面，东风农场工会坚持三级民主管理制度即职工代表大会制度、职工代表提案制度和班组民主管理制度。坚持每年召开一次职代会，坚持审议农场领导的年度工作报告和未来规划及预算等，坚持审议与职工切身利益相关的单项方案，坚持征集职工代表的提案、建议及意见，对提案的征集、立案和处理的程序进行严格落实，做到件件有着落、件件有回音，把参与和推动企业的民主管理落到实处。1981—1994年，工会在职代会上征集了代表提案及建议意见共225条，其中90%得到了落实和处理。在职代会期间，农场的主要领导坚持参加代表组讨论，面对面听取职工代表的意见并认真予以梳理和采纳，将工会组织的企业民主管理功能落到实处。

东风农场工会始终重视维护农场职工的合法权益，始终重视为职工多做实事。首先是加强劳动保护，确保安全生产。在工会的大力推动下，从1989年至1991年开展了安全生产班组达标活动，全农场42个一线生产班组全部取得了安全生产合格证，其中10个班组还获得了优秀班组的荣誉称号。工会从1991年开始连续八年开展安全生产周的活动，加强安全生产知识的培训和安全生产检查，发放安全生产宣传卡等，极大地促进了全农场的安全生产工作。工会还建立了劳动争议调解委员会，认真接待、耐心协调和妥善处理了很多劳动纠纷和问题，维护了职工的合法权益。工会关心职工生活，从20世纪80年代开始推动小食堂、小浴室、小宿舍、小托儿所和小医务室（统称为五小）的建设，努力为职工生活创造良好条件。

从1990年开始，东风农场工会响应全国总工会关于“送温暖工程”的号召，坚持每年都要为职工办多件与职工切身利益相关的实事，协调农场的党政领导在每年春节之前看望和慰问困难职工，送上党组织的温暖和关心。

多年以来，东风农场工会多次获得上级工会的表彰和嘉奖。1989年和1995年北京市农工商联合总公司工会将东风农场工会评为先进工会。工会主席苗鸿儒和戎向寅分别被评为北京市农工商联合总公司系统的优秀工会主席。在东风农场工会的坚强领导下，农场各二级企业单位的工会组织也在参与企业民主管理、推进职工培训教育、维护职工合法权益、组织职工文体活动、增加职工福利待遇、促进企业改革发展等方面做了大量有益的工作，取得了良好的业绩，获得了广大职工的衷心赞誉。

1999年以来，东风农场党委多次召开会议，专门研究场务公开问题，成立了以党委书记为组长的推行场务公开加强民主管理领导小组，研究确立了“提高认识，统一思想，执行措施，明确载体，以点带面，狠抓落实，基层入手，积极推进”的指导思想，研究提出了场务公开的内容、形式和措施，从农场到基层，开展场务公开工作，由点到面逐步推开，取得了显著成效。场务公开工作促进和调动了广大职工积极参与和办好企业的积极性，沟通了基层领导干部和职工之间交流的渠道，增强了依靠职工办企业、依靠职工监督企业运营的民主意识。

2001年7月，根据上级北京市农工商联合总公司的统一部署，由北京市东风农场和北京市通达房地产开发建设总公司合并而成的北京三元置业有限公司正式组建。新企业建立后，原两个企业的工会领导机构自然取消。为了在新的工会领导机构成立之前的一段时间内，工会工作仍能按部就班地开展，新公司组成了三元置业公司工会临时领导小组并提出了过渡阶段的“四不动”原则，即：基层工会干部身份不动、工会干部办公地点不动、工会工作内容不动、工会财务工作不动。

三元置业公司工会重点学习了修改后的《工会法》，研究落实如何贯彻《工会法》，进一步加强工会工作规范化、制度化建设。在此基础上进一步完善了工会的11项规章制度以及相关的基础管理工作，增强了工会工作的透明度和可操作性。

三元置业公司积极贯彻《北京市企业民主管理及职工代表大会办法》，相继出台了《三元置业公司企业民主管理的几点意见》《三元置业公司2003年厂务公开工作安排》等文件，认真落实厂务公开工作，深化企业管理创新管理内容。

多年来，公司党委始终大力支持工会送温暖的工作，坚持在节假日期间，慰问困难职工、走访下岗职工、慰问离退休人员。2005年，工会给在职职工送温暖2万余元。2006年，东风工会慰问在职职工和离退休职工97人（次），慰问金总计8.83万元。2008—2018年的10年间，东风工会在“送温暖工程”中累计慰问伤病职工和困难职工85人（次），慰问金总计10.88万元。

东风工会参与“安康杯”安全竞赛活动，每年组织一线优秀职工赴北戴河疗养。工会每年定期召开职代会，审议公司的经济工作报告，建立厂务公开栏，将企业的“三重一大”事项置于职工的监督之下，进一步提升了各级领导干部民主管理的意识。多年来，作为职工之家的东风工会始终秉承为职工办好事办实事的原则，加强对各类需要帮扶职工的关爱和关怀，努力为职工排忧解难，使职工倍感集体的温暖。自2010年起每到暑期，东风工会便组织开展为一线员工送清凉活动，带去了公司党委和工会的真切问候，受到了一线员工的热烈欢迎，体现出公司党委对员工的体恤和尊重，也增强了团队凝聚力和向心力。东风工会坚持以人为本，完善职代会制度，推广“菜单式”厂务公开，保障职工合法权益。炎炎夏日送清凉，冽冽寒冬送温暖。推行职工素质教育，组织先进员工北戴河疗养，为职工办理住院理赔保险，提高服务职工水平。举办和参加各类书画摄影比赛、体育健身比赛、文艺展示比赛，完善职工之家建设，丰富职工生活。

第十九章　共青团

东风农场的共产主义青年团组织始建于建场之初的1958年，当时为全国农业展览馆团委下属的团支部建制，由刘宝金兼任团支部书记。1961年7月成立农场共青团委员会，崔文彩任第一任团委书记。1961年12月付宝成继任农场团委书记。1964年农场召开第一届共青团代表大会，选举褚俊华为场团委书记。1965年召开第二届团代会，选举吕叶为团委书记。1973年第三届团代会选举牟光杰为团委书记。1975年第四届团代会选举张静兰为团委书记。1978—1984年场社合并后由徐凤玉担任团委书记。1984—1985年由王军生担任团委书记。1985—1988年由冯亚丽担任团委书记。1988—1990年由何冰担任团委书记。1990—1991年由苏会利担任团委书记。1992—1996年由吕慧清和王辉先后担任团委书记。1996—1998年由刘晓东担任团委书记。

东风农场团委在1971年开展了全面整顿团组织的活动。1989年实行团员卡片制度，增加团员的荣誉感和使命感。1991年为促进各基层团组织的交流，建立了农场团支部书记的例会制度。1992年举办团干部培训班，提高基层团干部的工作能力。当年还组织了农场青年工人技能大赛。场团委还发动团员青年，长期开展“学雷锋树新风做好事”“新长征突击手”“五讲四美三热爱”等活动。

长期以来，农场团委在农场党委的领导下，不断加强组织建设，加强对基层企业团组织的领导，加强对团干部的教育培训，增强了团组织的凝聚力、战斗力和影响力。场团委带领广大团员青年踊跃参与农场的各项生产建设和改革发展工作，在东风农场的日常工作和各项重大活动中都积极发挥了共青团组织的突击队和生力军作用。

1998年场乡体制改革之后，东风农场的职工人数和适龄青年人数都有所减少，后来将农场的共青团委员会降格为共青团总支委员会，隶属于上级单位北京市农工商联合总公司共青团委员会领导。

2008年，在三元置业有限公司成立了北京三元集团有限公司志愿者协会的第一家分会——三元置业分会。集团公司团委副书记赵凯霞代表集团公司团委参加了建会。会议还特别邀请了北京市志愿者协会秘书处郝刚，集团公司十七大代表、全国劳模、奥运火炬手、北京奶牛中心副主任张晓霞，三元酒店管理中心参与奥运组委会食品处食品工作的冯静青和三元出租公司退伍军人车队队长冯叶化。他们分别用亲身经历讲述了作为志愿者参与奥运服务工作的体会和感受。

2017 年 4 月 25 日，北京市东风农工商公司召开第一次共青团团员代表大会，选举产生了新一届共青团总支委员会，由李蒙任北京市东风农工商公司共青团总支委员会书记，李会杰、宗谦任委员。

新一届东风团总支在组建之后坚持以党建促团建，紧密围绕企业改革、发展、稳定的中心任务和经营工作，积极探索新时代共青团工作的方式、方法、渠道和路径，通过开展主题团日活动、参观爱国主义展览、组织联谊交流研讨活动等形式，传承五四精神、弘扬正能量、立足本职岗位、做好本职工作。新一届东风团总支带领东风的团员和青年，汇聚青年智慧、凝聚青年能量，努力为东风的经济建设贡献青春力量，让共青团的旗帜在东风的热土上继续飞扬。

第二十章　妇　　联

东风农场的妇联工作始于1971年。1971年1月，农场召开第一届妇女代表大会，选举刘秀琴为妇联主任。1992年10月第二届妇女代表大会选举刘荣华为妇联主任。1997年12月第三届农场妇代会选举刘荣华继任妇联主任。在此之前，吕惠清、孟玉芬、付玉玲、董秋芬等都曾短期担任或兼任过场妇联主任。

多年以来，东风农场妇联着力起到党组织联系广大妇女群众的桥梁和纽带作用，在关心女工生活、提高女工素质、维护妇女儿童权益等方面都做了很多实事，主要坚持了五项工作：一是健全妇女工作组织网络，抓好妇女干部队伍建设，提高妇女干部素质；二是通过各种形式，加强对女工进行自尊、自信、自强、自立的“四自”教育；三是依法维护女工的合法权益；四是不断丰富女工的业余文化生活；五是做好儿童工作。

东风农场妇联在工作中逐步完善了各项规章制度，开展了在女工中评优创新和评选五好家庭的活动，评出了市级五好家庭两个，区级五好家庭41个，场级五好家庭100个；坚持办好“大众读书会”和“家庭读书知识竞赛”。在1996年组织了“双休日家庭读书活动”，购买图书1937册，有1400个家庭和2600人参加了活动。

东风农场妇联获得了市级先进荣誉3次，区级先进荣誉6次，市级先进妇女工作者4名，区级先进妇女工作者15名。

1998年场乡改革之后，东风农场的职工人数和女职工人数均有所减少，但是妇联工作仍在有条不紊地进行。从2002年开始，东风的女职工享受每年一次的女职工专项体检，同时为全场女职工办理了安康保险。

东风妇联每年都以三八国际妇女节为契机，组织开展插花、文艺汇演、健康讲座等形式多样的主题活动，丰富女职工的文化生活，促进女职工的身心健康，调节女职工的工作生活压力，动员东风女职工发扬自尊、自爱、自强、自立的巾帼精神，积极努力做好本职工作，为东风的经济建设和改革发展贡献力量。

第二十一章　党的十四大以来的党建工作

1999 年：针对党员干部在党风党纪方面存在的较为普遍的问题，东风农场党委组织全场党员干部认真学习江泽民总书记的有关讲话和中央文件，从当年 2—7 月，组织开展了以“整顿作风，总结经验，团结起来向前看，振奋精神建东风”为主要内容的思想大讨论，结合农场干部中存在的八种不正常现象，提出了六提倡、六反对等工作方针。东风农场党委按照《东风农场干部考核制度》对农场的基层领导班子进行了全面考察，对新任干部进行了跟踪考察，对基层领导班子进行考察评议。按照《东风农场关于加强审计监督实施办法》，对所有单位的财务进行了全面审计，包括常规审计和离任审计。通过考察考核，促进干部廉洁奉公，使党委对每名干部的思想情况、工作情况、廉洁自律情况、遵纪守法情况有了全面了解。

2000 年：当年 4 月，农场党委结合总部机关的机构改革，从机关开始，实行全员自荐和考察推荐相结合的干部聘任制度，并于 7 月在基层单位实行了厂长（经理）聘任制度，机关科室人员、基层厂长（经理）聘任上岗，有职责、有任期、有工作目标、有待遇标准。打破了铁饭碗，解决了干部能上不能下的弊病。当年，农场党委组织开展了基层党支部的换届选举，采取了先试点后推广的方法，先在物业管理中心、宏宝源商贸公司、建筑公司、东苑公寓四个党员人数多、支部机构健全、干部较强的党支部进行了试点，在党委的指导下，先进行了换届。然后在总结以上四个支部换届经验的基础上，党委制定了《关于基层党支部换届选举工作的意见》，从换届工作的领导、程序、重点工作和注意问题等方面作出了明确的规定，使党支部换届选举工作于第四季度在农场基层全面推开。截至年底，全场 13 个基层党支部全部顺利完成了换届工作。通过换届选举，健全了党支部领导机构，对党员进行了一次党的基本知识教育，对支部成员进行了一次党内民主集中制原则的教育。基层党支部换届选举后，党委于 12 月举办了党支部书记培训班，针对新同志走上支部领导岗位，如何做好党的工作，加强支部建设，加强党员教育管理，发挥党支部政治核心作用和党员先锋模范作用等进行了系统的学习和培训。

2001 年：按照党中央和上级党组织的统一部署，农场党委在全场党员中组织开展了历时一个月的“三讲”学习教育活动，对照八个坚持和八个反对，召开了党内民主生活会。“三讲”活动之后，农场党委再次举办了基层党支部书记培训班，围绕进一步加强党支部建设和加强职工思想政治工作等内容进行了培训和研讨。农场党委以《企业党支部工作条例》为抓手，以建党80周年为契机，在全场组织开展创先争优活动，组织对先进党支部、党务工作者和优秀党员的评选活动。在此次活动中，全场有52名同志被评为优秀共产党员，5名同志被评为优秀党务工作者，3个党支部被评为先进党支部。

2003年：北京三元置业有限公司党委进一步加强了党务工作的制度安排，规范了各种班子会的召开形式，严格了会议制度，坚持和完善了党委中心组学习制度、学习计划并建立了严格的考勤制度。组织全体党员深入学习党的十六大精神，收听关于十六大报告的讲座《新世纪新阶段的政治宣言和行动纲领》《开创新局面关键在党》以及学习《新世纪头二十年经济建设和改革的主要任务》等重要篇目。随着基层单位的改制改组，公司党委对基层党支部做了相应调整，由原来的21个支部调整为19个支部。当年3月公司成立了青年工作委员会，健全了团组织，并制订全年工作计划。4月初，召开了青年工作会议。4月底，组织全公司青年到怀柔参加了北京万人植树之旅的活动。6月，公司工会和青年工作委员会联合倡议“革除陋习讲文明，从我做起树新风”，发放倡议书500余份。公司党委在“庆七一”活动中表彰了4个先进党支部和29名优秀党员。

2004年：三元置业公司党委在年初组织全公司党员深入学习《中国共产党党内监督条例》《中国共产党纪律处分条例》和北京日报刊登的党内监督条例八大亮点等文献，学习两会文件，学习《政府工作报告》，学习北京市国资委纪委下发的三个文件。同时，抓好党委中心组理论学习、为各基层领导班子购买学习材料，在自学的基础上组织集体讨论，安排主要领导进行引导性发言后由其他人畅谈体会。为了配合以上的学习，公司党委购买了《中国共产党纪律处分条例（单行本）》，党员人手一册，并组织有全体党员参加党纪条规知识测试活动，发出测试卷146份，全部收回。为贯彻落实《企业党支部工作条例》，6月21日，公司党委组织召开半年党支部工作汇报会，各党支部书记就“围绕经济抓党建　抓好党建促经济”的主题，在会上进行了广泛而热烈的工作汇报和座谈交流。党委在庆祝建党83周年之际，深入开展创先争优活动，评选出4个优秀党支部和29名优秀共产党员。

2005年：三元置业公司党委于年初召开离退休老干部座谈会，送上慰问金和慰问品。在七一党的生日之际，公司党委又登门走访和慰问了参加过抗日战争和解放战争的离休老干部，并为每位离休干部办理了医疗统筹有关手续，缴纳统筹资金、按时报销医药费。年内还组织离退休老干部参观游览了世界花卉大观园和抗日战争纪念馆。按照党中央和上级党组织的统一部署，公司党委在全公司范围内组织开展了“保持共产党员先进性”的思想教育活动，按照活动的总体要求、规范、流程和步骤，有条不紊地做好规定动作和自选动作，开好党内民主生活会，做好评议和整改工作，使全体党员都受到了一次深刻的有关党的路线方针政策的教育。为庆祝建党 84 周年，公司党委在七一期间组织开展了三项活动：宣传教育活动、评选优秀党员活动和主题座谈活动，座谈的主题包括“我最爱的一本书”“我心中的中国共产党”“我最爱的名人名言”“我心中的楷模”“我的党员经历”“党员模范作用如何体现”等。七一期间，全公司评选出 9 名年度优秀共产党员。

2007 年：三元置业公司党委坚持对干部的谈心谈话制度。为保证基层企业管理干部调整和机关部室负责人新一轮聘任工作顺利进行，党委采取个别谈话和集中谈话的办法，做好转岗干部的思想工作，在岗位职责、思想作风、廉洁自律等方面向他们提出了更高的要求。按照党中央和上级党组织的部署，公司党委在全公司动员开展了社会主义荣辱观的教育活动，认真厘清八荣八耻，努力应用社会主义荣辱观规范个人的言行、举止、工作、生活。公司党委在年内组织开展了“党员目标管理”的工作，召开专项工作会议进行部署，规范了工作的 3 个阶段：组织经验交流会、以典型引路、促进“党员目标管理”工作落实。同时，将“党员目标管理”与践行社会主义荣辱观相结合。公司党委第一次举办了入党积极分子培训班，11 名来自基层各党支部的入党积极分子参加了培训。在七一前夕，公司党委组织了优秀党员的评选活动，共评选出 12 名优秀共产党员，基本上都是生产一线的普通党员。为庆祝党的生日，公司党委组织了一次有党员领导干部和基层普通党员参加的党员座谈会，座谈会的主题为“在企业改革发展不断深入的形势下，如何发挥党支部的战斗堡垒作用和党员先锋模范作用”。

2008 年：三元置业公司党委出版了内部的《学习文摘》共 8 期，选登了 39 篇文章，提供给公司领导班子和各基层党支部，以思想教育、作风教育和执政能力教育为主，增强理论学习的针对性和实效性。本年度内，公司党委加强干部培训教育工作，组织了各种学习班、培训班和讲座包括党支部书记培训班，就如何当好党支部书记进行培训和领导干部高级管理技能培训讲座等。公司党委坚持开展创先争优活动，值七一之际，评选表彰了一批先进党支部和优秀共产党员。

2009 年：三元置业公司党委按照党中央和上级党组织的战略部署，从 3 月开始，在全体党员中开展了“科学发展观”的主题教育实践活动。在主题教育实践活动中，按照活动的目的和规范，做好规定动作，同时结合企业自身实际，做好自选动作，认真研读与活动相关的文献和文章，组织讨论和座谈，提高全体党员的思想水平，实现科学发展，共建和谐世界。公司党委充分认识到，这次学习实践活动是党内的一件大事，要认真学习科学发展观的精髓，深刻理解科学发展观的内涵。公司领导干部的学习采取四种方式：一是自学、二是互学、三是集中学、四是走下去学。结合学习实践活动，从企业发展的大局出发，公司领导班子成员深入主管部室和基层企业广泛征求意见，班子成员结合主管工作提出初步课题，党委针对班子成员主管的工作和整体发展需要进行专题研究，领导班子成员协同主管部室及基层单位共同完成课题。公司党委还制定了公司领导班子成员学习联系点制度，全程参与基层的学习实践活动。同时，公司党委建立检查指导小组，明确联系党支部，明确协调领导职责，注意发现典型和信息反馈。公司党委以“追求结果、重在过程”为宗旨，抓住每一个环节作为加强教育、扩大影响的契机，有针对性地开展活动。公司党委和领导班子《关于贯彻落实科学发展观情况的分析检查报告》形成后，在一定范围内进行了群众评议和民主测评，坚持以人为本，把群众是否满意作为衡量分析检查报告的标准。在科学发展观教育实践活动中，公司领导班子完成了 9 篇高质量的调研报告，教育实践活动领导小组办公室完成了许多有分量的文件，包括：学习实践活动实施方案、领导班子集体调研报告、分析检查报告、整改落实报告、整体总结报告、阶段总结及单项工作汇报等。教育实践活动领导小组办公室相继组织了两次讲座，公司党委书记和总经理分别作主题报告一次，组织领导班子成员交流多次，征求意见 50 余条，简报 26 期，选登报刊文章 14 期。公司教育实践活动领导小组领导正确，全体党员积极参与，使此项党内主题教育活动得以高质量完成。在集团公司学习实践活动总结大会上，三元置业公司党委书记做了典型发言。公司党委而后又按照上级党组织的要求，成功组织了科学发展观活动“回头看”的工作。公司党委加强以企业文化建设为平台开展思想政治工作，加强宣传教育，抓好企业报刊、企业官网等对外宣传工作。在庆祝建党 88 周年之际，公司党委下发了《关于在庆祝建党 88 周年期间组织开展系列活动》的通知，各支部分别开展形式多样的庆祝活动：机关党总支组织机关全体党员以“追寻历史感悟文化”为主题，讲述身边感人故事；通达公司、开发部联合党支部组织党员到革命圣地西柏坡参观学习；资产经营中心党支部组织党员参观延安精神展览；东苑公寓党支部组织党员参观焦庄户地道战遗址；物业公司联合党支部由党支部书记做了题为“科学发展观为企业发展指明了方向”的党课。在七一之前，公司党委进行了创先争优评选活动，通达公司、开发部联合党支部被评为先进党支部，于会祥等 6 名同志被评为优秀共产党员。

2011 年：北京市东风农工商公司党委组织开展了“我为东风发展献力量”的主题教育活动。公司党委组织领导班子开展以“我最成功的一件事”为主题的党内民主生活会，分享个人的成功经验、引领突破发展瓶颈。党委还组织中层干部开展以“组织信任我该怎么办，员工期盼我该怎么办”为主题的座谈会，组织面向广大干部员工的《打造基于卓越文化的执行力》讲座，提高员工整体素质。公司党委继而组织开展以“东风精神”和“新主人翁精神”为主题的大讨论活动，深入挖掘东风精神，形成符合东风特色的文化氛围，立足本职，学习《新主人翁精神》，提升广大干部职工的精神风貌。公司党委按照围绕中心、服务大局、强化功能的要求，提出“一个支部就是一个堡垒，一名党员就一面旗帜”的口号，要求党员争做努力学习、勇于创新、拼搏进取的典范。东风农工商公司在职在岗党员 144 人，其中预备党员 12 人。

东风农工商公司党委提出要注重精神文明建设，提升企业的文化软实力，以文化创新激发凝聚力，实现争当集团精神文明先进单位的目标。利用《东风农工商报》和公司网站，宣传东风人在经济建设和党建工作中所取得的成绩，激发干部职工的积极性。公司党委提出“团结、务实、创新、向上”的企业文化口号；做到“心往一处想、劲往一处使、事往一处干”；坚持实事求是，做到决策中有新思路，执行中有新举措；大力倡导“家文化”和“干事文化”；继承农场职工的淳朴精神，父一辈子一辈对事业的忠诚；干事上，计划阶段追求完美，执行阶段追求效率，评价阶段追求公正；使每一名职工高高兴兴上班来，心情舒畅回家去。公司组织开展具有东风特色的文化体育活动，丰富职工的精神文化生活。公司在每周五下午开设文化生活广角，组织员工进行羽毛球、篮球、乒乓球、唱歌等形式多样的文体活动。利用三八妇女节举办女职工的十字绣展览和健身操比赛。利用五四青年节举办青年主题演讲和拓展训练。利用六一儿童节举办员工子女的书画作品展览等。

公司党委重视信访与维稳工作，本着尊重历史、化解矛盾、维护稳定的原则，不断完善信访维稳工作机制，针对各类群访事件和历史遗留问题，明确提出“有条件尽力解决，无条件软化矛盾”的工作思路，深入开展矛盾纠纷排查和调解工作，通过耐心倾听、政策解读等途径晓之以理、动之以情、疏通思想、化解矛盾。出台保障措施及应对方案，力争将矛盾化解在企业内部，营造和谐稳定的企业氛围。针对华康宾馆上访人员提出的多项历史遗留问题，公司党委安排专人进行接待和处理，稳定情绪，逐步解决问题，遏制越级上访事件的发生。针对南十里居 16 号院居民反映的承租户沙石厂扰民及扬尘现象，公司责成下属企业东风物业公司进行彻底解决。针对通达公司名下小关东里 10 号院甲 2 号楼居民反映的用电隐患问题，公司出面与电力公司就改造方案和实施办法进行沟通，缓解了居民的用电压力。针对华康公司名下枣营北里 13 号楼的电差价损失问题，公司投资对 13 号楼的电力工程进行了改造，并将电力维修管理权移交电力公司，解决了问题，提升了用电安全。

第二十二章　党的十八大以来的党建和政治工作

自2012年以来，北京市东风农工商公司的党建政治工作以学习贯彻党的十八大和十九大精神为主线，以习近平新时代中国特色社会主义思想为统领，以充分发挥政治核心作用为根本，扎实推进“党的群众路线”“三严三实”主题教育和“两学一做”学习教育常态化制度化建设，深入推进全面从严治党向纵深发展。

第一节　思想建设

加强理论学习，提高政治站位。公司党委坚持中心组理论学习制度，结合企业实际抓好部署落实。通过党委中心组扩大学习报告会、基层党支部书记研讨交流会，邀请专家讲党课、党委班子成员讲党课、支部书记微党课、集中学习、专题研讨等形式，深入开展党的十八大、十九大精神、党规党章及习近平新时代中国特色社会主义思想、习近平总书记系列重要讲话精神的学习教育。积极组织开展领导班子带头讲党课活动，组织支部书记开展“讲党课　谈体会　做表率”活动。各支部书记围绕学习十九大精神及习近平新时代中国特色社会主义思想，谈学习体会，形成了领导带头先学一步、先讲一课，全体党员主动学、积极讲的良好氛围。

开展主题教育，深化学习成果。深入开展“党的群众路线”“三严三实”专题教育，坚持集中学习交流，坚持深入基层调研，并在深化学习研讨成果、广泛征求意见、汇总形成简报、撰写发言提纲的基础上，及时召开党内民主生活会，严查问题抓整改。扎实推进“两学一做”学习教育，成立学习教育协调小组，制定学习方案，组织党员学党规党章、学系列讲话，查找基层党组织薄弱环节。积极开展特色支部创建活动，结合“三亮三比三评”，组织开展“佩戴党徽、亮明身份”等一系列“创先争优”活动，设立党员示范岗，为党员发挥先锋模范作用搭建了有岗有责、有位有为的实践平台，推动全面从严治党向基层延伸。深入推进“两学一做”学习教育常态化制度化。积极推进公司党委制定的年度党支部书记抓基层党建工作任务清单，保障管理制度执行到位。以“习近平总书记治国理政新理念新思想新战略”“全国国有企业改革和发展现状与趋势”“新形势下如何当好党支部书记”为主题，组织开办基层党支部书记轮训班，对机关各部室、基层各单位进行“两学一做”学习教育常态化制度化开展情况的全面检查，并对检查结果及时反馈，把全面从严治党要求落到实处。

强化意识形态，坚持正确方向。公司党委明确把意识形态工作纳入年度党委工作报告、纳入重要议事日程、纳入中心组学习内容、纳入党建工作责任制、纳入领导班子和领导干部考核及述职报告。持续深入贯彻“家文化”“干事文化”，通过《东风农工商报》、企业网站和微信平台，加强形势任务教育，深度报道公司的转型发展成果。开展“我的首农我的梦”“传递身边正能量”等征文活动，捕捉感人瞬间；刊登“敬业八小时　做好今日事”优秀征文，展现职工核心价值观；参加集团公司举办的“共筑千亿首农梦”微电影大赛，用镜头真实记录“最美首农人”陈一夫积极投身事业，为企业发展贡献力量的感人故事；组织“迎七一　颂党情”活动，激励党员继承发扬党的优良传统；开展党员轮流抄党章活动、“两学一做”百题竞答活动，大力弘扬主旋律，牢牢掌握意识形态工作的领导权和话语权。

第二节　组织建设

东风公司党委坚持把推进党的领导与完善企业治理有机统一，积极贯彻实施“党建工作总体要求进章程”的有关规定，完成了公司各项章程的修订工作，把党组织的职责权限、机构设置、运行机制、基础保障写入章程。先后出台了《北京市东风农工商公司制度汇编》《北京市东风农工商公司事假管理补充办法》《北京市东风农工商公司会议管理办法》《北京市东风农工商公司领导干部选拔任用办法》《北京市东风农工商公司领导人员履职待遇、业务支出管理办法》等一系列规章制度，进一步推进了管理的科学化、标准化、规范化、制度化，提高了工作效率。同时，建立了公司领导班子议事和决策全程纪实制度，完善了党委会、经理办公会议事规则和决策程序及重大事项决策办法，把党委会研究讨论作为经理层决策重大问题的前置程序，进一步明确了党组织在公司法人治理结构中的法定地位，使治理主体的权利、义务和责任配置更加科学、于法有据，形成决策层长远规划、管理层勇于担当、执行层落实到位的工作合力，不断提高领导班子运用科学发展的能力和水平。

党的十八大以来，公司党委始终坚持“重品行、重公论、重实绩、重一线”的用人导向，把群众公认作为重要参考因素，坚持民意不集中的不考察、多数群众不认可的不使用，严把推荐提名关、组织考察关和讨论决定关。通过征求意见、民主测评、个别谈话、实地考察、查阅资料等方法，全面掌握考察对象德、能、勤、绩、廉等方面的情况；严格执行党委讨论决定干部任免事项议事原则、程序和表决办法；全面落实任前公示、任职谈话、任职试用期制度；拟任用干部要征求各部门意见，对外公布监督电话和电子信箱，受理监督举报；实行选拔任用干部全程纪实，加强对选用过程的动态监督；使干部选拔任用全过程可追溯、可倒查。

公司党委坚持以严标准管理干部、以严纪律约束干部，把握好领导干部这个“关键少数”，以适应企业发展需求。针对企业领导人员履职待遇、业务支出管理工作的实际，认真做出整改，停止领导班子限额凭票报销交通费用，统一按照集团公司规定的标准发放货币化公务交通补贴。制定《北京市东风农工商公司领导人员履职待遇、业务支出管理办法》，对农场所有公务用车管理、培训教育管理、业务招待、差旅等方面的相关事项做了明确规定。进一步规范了领导人员兼职管理、履职待遇管理、业务支出管理。按照工作部署，逐年对各基层领导班子成员进行民主测评。测评工作本着党建工作与业务工作同部署、同推动、同考核的思想，严格民主评议的标准，把考核工作与主题学习教育结合起来，发挥了叠加作用。开设《互联网思维创新》《情商修炼与高效沟通》《宏观经济分析》《企业经营模拟沙盘》等课程培训，增强中层干部的企业管理等多方面综合素质能力。着眼于事业发展所需的优秀人才，公道对待干部，公平评价干部，公正使用十部。每两年对企业内全部中层干部进行一轮干部聘任，签订《岗位聘任协议》，着力打造一支讲诚信、懂规矩、守纪律、会业务、敢担当的中层干部队伍。

东风公司党委成立党建工作领导小组及办公室，统筹推进公司的党建工作。同步完善党委会议事规则，规范党支部书记办公会议事形式，确保决策科学化、民主化和规范化。形成了党委会定期研究酝酿、决策部署，党委工作例会推进执行，基层党支部书记研讨会及时传达贯彻、总结交流的党建工作领导体制。

公司党委积极完善基层党组织建设责任体系，每年与各党支部签订《年度党建工作责任书》，并将责任逐级分解细化到人。建立起公司党委、基层党支部、支部委员三级联动的党建工作责任制，形成“一级抓一级，层层抓落实，责任全覆盖”的工作格局。开展基层党组织全面排查梳理，对所属党支部情况进行整体调研，特别是对新收购的外埠企业，公司主要领导亲赴实地考察调研。在组建青岛保税港区能源基地有限公司党支部的同时，为支部领导班子选齐配备优秀人才，严格落实“管资本就要管党建”的原则，使党组织建设与新业务发展同部署、同推进。在完善党委党建工作标准化的基础上，全面推进党支部工作标准化建设。按照构建“B＋T＋X”支部规范化建设要求，制定《关于加强党支部规范化建设的实施意见》，运用“一规一表一册一网”工作载体，强化有统一标准、体现不同特点、充分开展实践创新的基层党支部规范化建设。

第三节 作风建设

东风公司党委坚持把党风廉政建设纳入党建工作大局，召开会议研究审议纪委工作，部署年度党风廉政建设任务。召开党风廉政建设工作会，统一思想，明确目标。围绕“转作风、谋发展、干实事”的目标，针对公司新一轮聘任、调整的干部，进行任前集体谈话，提出明确要求，对中层以上领导干部进行警示教育，使大家在“守住底线，增强拒腐防变意识”“自觉接受监督，进一步加强党风廉政建设”等方面形成深刻认识。公司党委召开工作作风建设大会，剖析公司作风建设中存在的问题，强调突出问题导向，敢于较真碰硬，集中发力，坚决整治当前干部队伍中的作风顽疾，积极引导党员干部把心思用在谋发展、抓工作上。严格执行领导干部“一岗双责”，根据领导班子成员各自分工及时调整责任范围，重新分解落实，实现分管企业全覆盖。逐级开展责任书签订工作，对具体的责任行为进行“签字背书”，明确谁主管、谁负责。研究制定《党风廉政建设责任制检查考核实施办法》，坚持每年开展基层单位党风廉政建设责任制落实情况检查，并将考核结果纳入党建工作考评体系。

公司党委积极研究制定加强反腐倡廉教育的实施意见和工作安排，专题组织学习《中国共产党廉洁自律准则》和《中国共产党纪律处分条例》，通过集中学习、选送书籍、参观反腐倡廉警示教育基地和观看警示教育片，强化执行“六项纪律”的意识。开展“我的家规家训家风”征文活动，传承、弘扬优良家风。坚持正风肃纪，抓住元旦、春节、中秋、国庆等重要节点开展教育、检查，密切关注“四风”新问题，从严查处无视中央八项规定、公款吃喝、违规发放福利补贴、收受礼金礼品等顶风违纪的问题。严格落实节日期间企业车辆封存制度，确保不发生违规出车、公车私用等问题。深入开展“为官不为”“为官乱为”和“严肃查处群众身边的不正之风和腐败问题”专项治理工作，在公司上下营造出风清气正的良好政治氛围。

公司党委围绕推进内控体系建设和规章制度修订，在企业内部及基层各企业初步建立起内控管理体系，加强学习宣贯，开展专项监督检查。围绕工程招投标、大宗物资采购、资产处置等企业关键环节，严格把控业务流程，总结经验做法，深入推进廉政风险防控管理。围绕“提质增效”专项工作，持续开展效能监察，围绕信访举报问题进行调查核实。进一步拓宽群众监督渠道，通过企业网站、《东风农工商报》及各单位宣传栏，及时公布领导班子成员承担的党风廉政建设职责，设立公开电话和举报箱，加大了监督执纪问责力度。

第四节　工会工作

公司工会紧紧围绕党政所需、职工所急、工会所能，以服务大局、服务基层、服务职工为目标，切实履行“维护、建设、参与、教育”的职能，在务实基层工作中求突破，在维护职工权益中谋实效，在构建和谐企业中显作为。始终贯彻落实修订版《工会法》要求，多举措做好职工维权工作，进一步完善职代会制度，规范集体合同、场务公开，严格落实各项规章制度及职工代表大会的各项职权。积极帮困救助，加强困难职工的帮扶救助工作力度，发布倡议为职工患病家属募捐，发挥工会服务职工的正能量。东风农场工会始终坚持“冬送温暖”“夏送清凉”活动，使一线员工感受到集体温暖。积极完善职工之家建设，细致谋划，举办形式多样的文体活动，如“健步走”及“东风杯”羽毛球比赛；内容丰富的文体活动既增进了同事间的情感，又增强了企业凝聚力。多年来，东风农场工会积极努力维护职工合法权益，为促进企业的经营和发展做出了应有的贡献。

第五节　共青团工作

东风农工商公司的共青团组织不断加强组织建设，加强青年员工素质教育，增强了团组织的战斗力，为充分发挥团组织的各项职能作用，发挥团员青年在各项工作中的突击队、生力军作用，打下了坚实基础。2017 年东风农工商公司召开了全体团员大会，成立了新一届东风共青团总支委员会，进一步加强了团组织自身建设。团总支带领广大团员、青年积极参与企业举办的各项活动，充分展示了团员青年的积极性和创造性。利用“五四”青年节组织青年员工开展各类主题活动，到基层企业参观交流，邀请农场公司的老领导宣讲农垦精神，传承拼搏奋进的公司文化精髓。同年，由公司共青团总支编制的《青年培养计划——基础工作指南》印刷成册并下发到每位青年员工的手中，对指导青年员工熟悉了解本企业、掌握公司管理制度、胜任本职岗位、进行职业生涯设计等都起到了至关重要的作用。

第六节　老干部工作

公司党委坚持从实际出发，认真贯彻落实中央《关于进一步加强和改进离退休干部工作的意见》和《北京市离退休干部工作领导责任制》要求，以高度的政治责任感，充分在政治上尊重、思想上关心、生活上照顾老干部，认真落实有关老干部的各项政策和待遇、研究解决老干部遇到的各种问题和困难，定期看望、慰问离退休干部，使他们老有所养、老有所学、老有所乐、老有所为，进一步保持了企业的和谐稳定。

第六篇

社会历史篇

中国农垦农场志丛

第二十三章　重大自然灾害

第一节　1959年洪灾

1959年7月，北京地区出现持续大暴雨气象并引发洪涝灾害，全年降雨量高达1169毫米。由于暴雨成灾，全国农业展览馆农场遭受到重大的损失。因为洪水浸泡，粮食作物损失60吨，蔬菜损失175吨，当年种植的果树苗木死亡7772株。由于洪水淹没了家禽场及孵化设施，造成雏鸡死亡31280只，雏鸭死亡44200只。洪水淹没了养猪场，致使仔猪死亡269头。此次洪灾对全国农业展览馆农场造成直接经济损失32万元。

第二节　1963年洪灾

1963年8月，北京地区持续暴雨。8月9日连续降雨500毫米，21时温榆河大堤决口，汹涌的洪水将国营北京市种畜场一分场（原朝阳农场）所属的3600亩耕地全部淹没。由于一分场地势低洼，淹没农田和房屋的洪水最深处达到1.7米。

8月10日清晨，国营北京市种畜场党委书记王宗绪带领总场干部一行十多人带着救灾的生活物资乘船赶往一分场。途中因水急浪大，致使所乘船只撞上桥桩而倾覆，王宗绪书记一行及所携带的救灾食品全部落水。所幸王宗绪书记等一行人员安全脱险并于中午到达一分场，实地察看并指导救灾工作。当时一分场场部的房屋和一分场的牛舍被全部淹没，人和牲畜全部集中在附近的一个6亩地规模的大沙包上。当晚大家在沙包上过夜，由北京市政府派直升机空投大饼充饥。在抗洪抢险中，一分场的职工忠于职守，在急速上涨的洪水中冒着生命危险将奶牛全部拉上沙包。管理员刘永贵和工人李荣昆等6人将农场的140只羊全部抱上了河堤，避免了更大的损失。

这次罕见的洪灾使一分场遭受到重大的损失：库存粮食和饲料霉烂变质50吨、冲走生猪90头、毁坏房屋14间、毁坏牲畜棚圈167间、冲毁桥梁闸门涵洞扬水站71处、冲毁渠道16000米、秋粮作物减产300吨、1600亩饲料作物全部绝收、冲走和毁坏大量的化肥农药建材家具和牛奶等物资，造成直接经济损失45.7万元。

第三节　1982 年雹灾

1982 年 7 月 14 日，东风农场地区遭受特大冰雹灾害，给农场所种植的粮食作物、蔬菜和果树造成极大的破坏，造成直接经济损失 50 万元。

第四节　1984 年洪灾

1984 年 8 月 6—9 日，北京郊区连降特大暴雨和冰雹，东风农场地区的降雨量达到 264 毫米，致使种植玉米的大田、种植蔬菜的大棚和果园被洪水淹没，造成重大经济损失。暴雨期间的大风吹断供电线路，致使奶牛场的冷藏储奶设施断电，造成大量的牛奶变质损坏。

第二十四章　“文化大革命”时期简况

1966 年 5 月，“文化大革命”开始，东风农场的正常工作秩序和生产经营活动被完全打乱，农场的场级领导全部作为“走资本主义道路的当权派”被打倒，农场党委和各级党组织陷于瘫痪，农场处于严重的无政府状态。为解决东风农场在“文化大革命”初期党组织瘫痪，工作生产混乱，企业经营严重亏损，1967 年 3 月，解放军支农毛泽东思想宣传队进驻了农场，对东风农场实行军代表负责制管理。支农军宣队的首任军代表为刘恩海。军宣队进驻农场后，首先组建了“抓革命，促生产”的第一线指挥部，将“停工停产闹革命”的口号转变为“抓革命、促生产”并全力恢复正常的生产经营活动。第二，军宣队积极做好农场两大互相对立的造反派组织的思想工作，于当年 9 月实现了两大派对立的造反派组织的“革命大联合”。第三，军宣队开始逐步解放被打倒的原场级领导干部张士达等并将其安排为“抓革命、促生产”第一线指挥部的负责人以继续领导全场的生产经营活动。由此，军宣队在较短的时间内使东风农场的生产经营和工作秩序逐步走上了正轨。

经过军宣队的大量工作和全场干部职工的一致努力，东风农场于 1968 年 2 月 28 日正式成立了革命委员会。东风农场革命委员会主任为原农场场长张士达，副主任为史春富和牟光杰。农场革命委员会成立大会在场部大院举行，大会通过了“向伟大领袖毛主席的致敬信”。北京市朝阳区革命委员会的领导和北京市农林局革命委员会的领导都出席了成立大会。1968 年 12 月，张士达调离，由宋贵仓接任东风农场革命委员会主任。

东风农场革命委员会成立以后，又成立了东风农场党的领导核心小组，代行农场党委会的职能，革命委员会主任即为党的领导核心小组组长。

经过驻场军宣队和场革命委员会的共同努力，在中共朝阳区委和北京市农林局党委的支持下，东风农场新一届党委会于 1970 年 4 月 24 日诞生，由王化林任党委书记，宋贵仓和莫全任党委副书记。自此，东风农场恢复了党委的正常领导和基层党组织的正常活动。

东风农场于 1968 年 10 月接收了被撤销建制的前辛庄农场的 50 名职工。1971 年 2 月，东风农场接收了来自北京市区的 270 名初中毕业生作为“插场知青”工作，又于 1974 年、

1975 年和 1976 年陆续接收了三批总计 139 名来自北京市区的高中和初中毕业生来东风农场“插场”工作。

在“文化大革命”的十年期间，尽管各种政治运动连绵不断，但东风农场党委领导集体始终坚持抓革命和促生产并举，坚持做好农场的各项生产经营工作。农场党委除了组织农场的各项生产经营活动有序进行之外，还在插秧、麦收、青贮、秋收等具有强烈季节性的农业生产环节中，有效组织动员起全场的干部职工进行突击性的大会战活动，最大限度地集中全场的人力物力进行抢种抢收，以不误农时。在那样一种特殊的政治氛围中，全场干部职工意气风发、干劲十足、早出晚归、忘我劳动、甘心吃苦、不计报酬，充分体现了国营农场干部职工的觉悟和情怀。在每次全场大会战中，农场的党政领导都亲身参加，身先士卒，与干部职工一起拼搏奋战，进一步鼓舞了大家的会战热情。

1969 年 6 月，北京高温多雨，东风农场发起“三夏”抢收抢种大会战，全场干部踊跃参加，用 8 天时间抢收了 1800 亩小麦，又用 4 天的时间抢种了 400 亩水稻。当年 9 月仍是阴雨连绵，青贮玉米地里积水很深且无法进行机械作业，东风农场革命委员会主任宋贵仓带领全场干部职工以“吃大苦耐大劳”的革命精神，投身玉米大田之中，头顶淋淋细雨，脚踏没膝泥水，对青贮玉米进行人力收割和运输，仅凭手抱肩扛，在短短的 5 天之内就完成了 500 吨青贮玉米的收割、运输和窖藏工作。这项工作的强度是常人难以想象的，每个参加者身上都留下了道道玉米叶的划痕。

“文化大革命”期间，东风农场的科技人员坚守岗位，连续研发出稻草碱化技术和饲料糖化技术。这两项科研成果对于优化奶牛和生猪的饲料具有重大意义，当时就在全国畜牧业得到迅速推广。

农场党委在“文化大革命”后期大力提倡自力更生、艰苦奋斗的工作作风，全场上下积极响应，自力更生蔚然成风：畜牧队自己动手盖工具房、养猪场自己动手盖猪舍、煤场自建煤棚、机修队自建库房宿舍和车间。通过发扬艰苦奋斗、自力更生的工作作风，农场在生产经营中降低了成本，减少了“文化大革命”所造成的经济损失。东风农场在 1973 年实现了扭亏为盈。

“文化大革命”期间，东风农场开始了对兴建第二产业的有益尝试和积极探索。鉴于当时农用化肥极为紧缺的形势，东风农场于 1970 年 8 月，投资 30 万元建设东风磷肥厂，1971 年 9 月建成投产，年产化肥 3000 吨，实现年产值 35 万元。1972 年，东风农场决定成立东风制药室并发展成为后来享誉全国的东风制药厂。1973 年，东风农场决定将原农场机修队扩建成为东风修配厂，面向全国市场生产汽车水泵和工业用电焊机，后来不断发展壮大成为在行业内享有盛名的东风机械厂。东风磷肥厂、东风制药厂和东风机械厂三个工厂的成功建设和运营，为日后东风农场发展第二产业提供了丰富的经验。

“文化大革命”期间，东风农场发动全场职工利用农闲时间大力进行农田基本建设。1973年冬季，全场平地478亩。1976年冬季，全场平地470亩，复平耕地330亩，平整土方量达4万立方米。同时修整了全场的水利灌溉系统，铺设地下管道600米，铺设渠道水泥护板800米，使全场的耕地都成为“旱能浇、涝能排”的稳产高产田。

第二十五章　征地、拆迁、农业人口转非农业人口

20 世纪 80 年代以来，北京市进入城市发展的快车道，城市建设突飞猛进，市政基础设施建设和绿地建设日新月异。东风农场所在地区成为首都城市开发建设的重要区域。从 1980—2010 年的 30 年期间，政府征地、规划调整、产业退出、拆迁移民、农业人口转非农业人口、补偿博弈等事项成为东风农场（东风乡）的重要工作日程。

东风农场（东风乡）历年重大的征地拆迁事项如下：

1.1978 年 10 月，北京市政府批准朝阳区和东城区统建住宅项目征用东风农场（东风人民公社）东直门大队土地 178 亩，东直门大队及南生产队和北生产队整建制撤销，当地农民 964 人转为城镇居民，其中 508 人转为正式工。

2.1980 年 4 月，北京市政府批准北京市旅游局建设旅游宾馆项目征用东风农场（东风人民公社）麦子店大队麦子店生产队土地 194 亩，麦子店生产队整建制撤销，当地农民 466 人转为城镇居民，其中 277 人转为正式工。

3.1985 年 5 月，北京市政府批准朝阳区政府住宅小区建设项目征用东风农场（东风乡）六里屯大队西口生产队、中街生产队、甜水井生产队的土地 757 亩，撤销西口、中街和甜水井三个生产队的建制，当地农民 2245 人转为城镇居民，其中 1475 人转为正式工。

4.1985 年 11 月，北京市政府批准北京市住宅总公司和东风农场为建设住宅和外资公寓项目征用东风农场（东风乡）麦子店大队亮马桥生产队土地 326 亩，撤销亮马桥生产队的建制，当地农民 519 人转为城镇居民，其中 347 人转为正式工。

5.1985 年 12 月，北京市政府批准朝阳区政府建设朝阳公园项目征用东风农场（东风乡）渔场的全部土地和水塘共 350.17 亩，其中水塘 331.69 亩、房基地 18.48 亩，撤销渔场建制，当地农民 82 人转为城镇居民，其中 36 人转为正式工。

6.1990 年 12 月，北京市政府批准朝阳区政府建设水碓公园项目征用东风农场（东风乡）六里屯大队所属水东、水西、上四路生产队以及麦子店大队枣子营生产队四个生产队菜田 782.86 亩，房基地 809.24 亩，总计 1592.1 亩土地。撤销水东、水西、上四路生产队的建制。当地农民 1893 人转为城镇居民，其中 1149 人转为水碓公园的正式工。

7.1991 年 12 月，北京市政府批准朝阳区政府建设朝阳公园项目征用东风农场（东风

乡）土地 2000 亩，当地农民 1803 人转为城镇居民，其中 1131 人转为正式工。当地的 5 个乡镇集体企业包括玻璃制品厂、金漆镶嵌厂、翔天服装厂、欣华服装厂和畅远袜厂等全部转制成为国有企业。

8.1992 年 5 月，北京市政府批准朝阳区政府建设石佛营住宅区项目征用东风农场（东风乡）豆各庄大队所属石佛营、苇西、苇东、豆各庄四个生产队菜田 542.475 亩，房基地 109.515 亩，合计 651.99 亩土地。撤销石佛营生产队的建制。当地农民 896 人转为城镇居民，其中 496 人转为正式工。

9.1993 年 11 月，北京市政府批准朝阳区政府建设朝阳公园二期项目征用东风农场（东风乡）辛庄大队菜田 269 亩，房基地 376 亩，划拨农场国有土地 1556.4 亩，合计 2201.4亩土地。撤销大山庄生产队和建材构件厂的建制。当地农民 463 人转为城镇居民，其中 302 人转为正式工。

第二十六章　计划生育工作

东风农场于1975年3月成立农场计划生育委员会，惠万林任主任，吕惠清和刘宝莲任副主任。1987年成立东风乡计划生育委员会，由东风乡乡长王忠兼任主任。1990年6月，北京市朝阳区计划生育委员会批准成立朝阳区计划生育协会东风乡分会。

1973年12月东风农场制定第一个有关计划生育的规定，即“北京市东风农场关于晚婚和计划生育的规定”，明确提出男女双方结婚后必须采取积极的措施，按照晚、稀、少的原则进行计划生育。1979年制定了“东风公社革命委员会计划生育规定”，提倡和推行计划生育，使思想教育和经济措施相结合。1981年东风公社对计划生育规定进行了补充规定，要“把物质生产和人的生产同时列入党委议事日程”。1984年进一步修订计划生育规定，提出要坚持三个不变即：计划生育政策不变、党政一把手亲自抓的原则不变、计划生育指标不变。1991年制定了“东风乡计划生育管理规定”，严格控制人口增长。1994年制定了“东风乡计划生育实施细则”，进一步鼓励青年夫妇晚婚晚育。

1982年东风乡计划生育委员会提出在计划生育工作中要坚持宣传教育为主、避孕节育为主、经常性工作为主的三个为主方针。1988年提出计划生育要逐步实现四化的要求，即：管理系列化、任务具体化、工作制度化、考核数据化的孕前型管理。保证了东风地区计划生育工作的开展和落实。在建立健全计划生育各级组织的同时还不断扩大宣传员的队伍。1985年在东风乡建立了6个基层计划生育领导小组，44个宣传小组，165名宣传员，20名宣传指导员，使当年计划生育率达到99%，独生子女领证率达到99.6%。1987年计划生育宣传员总数为212名，按照每10～15名育龄妇女配备一名宣传员。

1988年东风乡被评为北京市计划生育先进集体和朝阳区计划生育榜样乡。1990年至1992年东风乡连续三年保持北京市计划生育先进集体的称号。

第二十七章　武装部工作

武装部工作曾经是国营农场系统内的一项重要工作。东风农场武装部成立于1961年，并在1998年末场乡体制改革之后撤销。武装部的主要工作是领导区域内有关国防教育、民兵队伍建设、双拥、征兵和复转军人安置等工作。东风农场历任的武装部部长为：张志诚（1961—1965年）、牟光杰（1965—1978年）、祁元芝（1978—1990年）、范树晨（1990—1998年）。张志诚、牟光杰、范树晨都曾被评为朝阳区武装部工作的先进个人，祁元芝于1978年被授予北京市武装部工作先进个人的荣誉称号。

东风农场武装部在东风地区广泛开展国防教育活动，教育场次达到120期，受教育面达到85%以上。在国防教育中坚持从娃娃抓起，1995年在东风农场幼儿园成立了“幼儿国防教育小课堂”并在将台洼小学成立了“少年军校”。在民兵队伍建设方面，每年对民兵队伍进行整组，一是将适龄青年调整为基干民兵，二是坚持每年开展军事训练，提高民兵的军事素质和作战技能，共组织民兵军事训练52次，受训民兵980人。在拥军优属、拥政爱民方面，坚持每年在八一建军节和春节之前走访慰问烈属和军属，对生活困难的军属家庭予以经济援助，体现党和政府的关怀。在征兵方面，截至1998年，总计在东风农场征兵220人。来自东风农场的新兵们都在部队中表现很好，大多受到表扬和嘉奖，其中多人提干或转为志愿兵，成为国防建设中的骨干。多年来，东风农场武装部还及时妥善安置退伍返乡的复原退伍军人，并先后安置了30多名部队转业干部在东风地区就业。

第二十八章　社会综合治理

社会综合治理是场乡合一的国营农场“力保一方平安”的重要工作。根据中央社会综合治理委员会的部署，东风农场于1984年成立“综合整治领导小组”，1997年成立“社会综合治理办公室”，由公安派出所、联防队、市容监察、规划稽查、交通安全等部门组成社会综合治理团队，明确责任、互相配合、严格执法、综合治理。

1984—1998年，东风乡综治办先后查处拆除违章建筑238处，清除堆物堆料场地219处，取缔非法收购废品摊点30处，腾出可使用土地34606平方米，清除渣土40万吨，修建垃圾池91个，翻建公共厕所182座，绿化造林1250亩，栽种草皮21656平方米，修路143250平方米，村镇建设进一步加强，依法制乡工作步入正轨。东风乡综治办依法从重从快打击各种违法犯罪和违反社会治安管理条例的活动，1984—1998年，共开展清理外来人口、整顿市容交通环境、打击违法犯罪等综合斗争105次，破获重大案件40起，一般刑事案件150起，处理社会治安案件200起，整顿规范大型市场5个，清理“三无”人员7850人。

东风乡综治办建立了村组级治保会42个，独立治保小组48个，治保人员455人，形成了一个强大的治保网络，力保一方平安。东风地区地处城乡接合部，外来人口管理成为重大课题。据1995年调查，东风地区外来人口8000人，是当地人口的1.6倍，鱼龙混杂，造成卫生脏乱、环境污染、交通混乱、刑事犯罪等社会问题。1995年3月，朝阳区政府决定将东风乡辛店村作为清理整顿外来人口的试点，本着“保留合法、清理非法”的原则，东风综治办共出动577人次，统一清查7次、突击清查23次，共清理了在当地非法居住的外来人员1103人，取得阶段性成功，并为全北京市的疏解外来人口工作积累了经验，树立了典型。时任国务委员、国务院秘书长罗干和北京市副市长孟学农等亲赴东风乡进行实地考察和工作调研。朝阳区委书记蒋效愚等参与领导和指导了整个活动。

第七篇

人物篇

中国农垦农场志丛

第二十九章　领导班子

第一节　历任正职领导简历

1. 农场场长（革命委员会主任、公司总经理）

陈锦余

1958—1959 年任全国农业展览馆农场场长

王云华

1959 年 3 月至 1963 年 3 月任全国农业展览馆农场场长

张士达

1963 年 3 月至 1968 年 12 月任东风农场场长

宋贵仓

1968 年 12 月至 1970 年 3 月任东风农场革命委员会主任

王化林

1970 年 3 月至 1972 年 11 月任东风农场革命委员会主任

李凌新

1972 年 11 月至 1981 年 9 月任东风农场革命委员会主任

惠万林

1981 年 9 月至 1986 年 1 月任东风农场场长

陈庆明

1986 年 1 月至 1990 年 4 月任东风农场场长

高振泉

1990 年 4 月至 1994 年 5 月任东风农场场长

尹跃进

1994 年 5 月至 2001 年 7 月任东风农场场长

2001 年 7 月至 2003 年 2 月任北京三元置业有限公司总经理

马建梅

2003 年 2 月至 2009 年 7 月任北京三元置业有限公司总经理

王明革

2010 年 3 月至 2010 年 10 月任北京三元置业有限公司总经理

于永杰

2010 年 10 月至今任北京市东风农场有限公司总经理

2. 农场党委书记

王宗绪

1961 年 5 月至 1964 年 11 月任国营北京市种畜场党委书记

李郡楠

1965 年 8 月至 1966 年 12 月任东风农场党委书记

王化林

1970 年 3 月至 1972 年 11 月任东风农场党委书记

李凌新

1972 年 11 月至 1990 年 4 月任东风农场党委书记

陈庆明

1990 年 4 月至 1994 年 6 月任东风农场党委书记

高振泉

1994 年 6 月至 1999 年 1 月任东风农场党委书记

尹跃进

1999 年 1 月至 2001 年 7 月任东风农场党委书记

苟长明

2001 年 7 月至 2003 年 2 月任北京三元置业有限公司党委书记

尹跃进

2003 年 2 月至 2010 年 10 月任北京三元置业有限公司党委书记、董事长

王明革

2010 年 10 月至 2012 年 10 月任北京市东风农工商公司党委书记

何　冰

2012 年 10 月至 2018 年 12 月任北京市东风农场有限公司党委书记

3. 东风乡乡长

惠万林

1983年12月至1984年11月任东风乡乡长

陈士忠

1984年11月至1987年5月任东风乡乡长

王　忠

1987年5月至1994年2月任东风乡乡长

胡玉让

1994年2月至1998年11月任东风乡乡长

简历：

1942年12月出生，北京市人。1963年10月参加工作，1965年10月加入中国共产党。1972年7月至1974年6月任北京市农林局物资站领导小组副组长，1974年7月至1979年2月任北京市农林局政治部干事，1979年3月至1987年6月任北京市国营农场管理局政治处副处长，1987年7月至2001年7月任东风农场党委副书记，1994年2月至1998年11月任东风乡乡长。

第二节　历届党委会和党委书记

1. 第一届党委会（1961年5月至1964年11月）

党委书记：王宗绪

党委委员：王宗绪　王云华　刘承宗　惠万林　李维崇

2. 第二届党委会（1964年11月至1966年9月）

党委书记：王宗绪（1965年8月调离）

李郡楠（1965 年 8 月接任）

党委副书记：宁雪山　史春富

党委委员：王宗绪　李郡楠　宁雪山　史春富　张士达　刘承宗　惠万林　苗鸿儒　李维崇　崔德兴

3. 第三届党委会（1970 年 1 月至 1975 年 8 月）

党委书记：王化林（1972 年 11 月调离）

李凌新（1972 年 11 月接任）

党委副书记：莫　全　宋贵仓　牟光杰　李郡楠

党委常委：王化林　李凌新　莫　全　宋贵仓　牟光杰　李郡楠　崔文彩

党委委员：王化林　李凌新　莫　全　宋贵仓　牟光杰　李郡楠　崔文彩　苗鸿儒　尹绍宏　苏宝生　张秉清　侯秀珍　马跃庭

4. 第四届党委会（1975 年 8 月至 1981 年 1 月）

党委书记：李凌新

党委副书记：惠万林　宋贵仓

党委常委：李凌新　惠万林　宋贵仓　苗鸿儒　崔文彩　马跃庭　徐林兰

党委委员：李凌新　惠万林　宋贵仓　苗鸿儒　崔文彩　马跃庭　徐林兰　牟光杰　张文才　张德元　党志刚　袁雪霞　李增泉　李宝兰　李维崇

1978 年 8 月场社合并后的党委会：

党委书记：李凌新

党委副书记：陈玉兰　惠万林　宋贵仓　陈士忠　王　忠

党委常委：李凌新　陈玉兰　惠万林　宋贵仓　陈士忠　王忠　李沛俭　苗鸿儒　马跃庭　祁元芝　李志宽

党委委员：李凌新　陈玉兰　惠万林　宋贵仓　陈士忠　王　忠　李沛俭　苗鸿儒　马跃庭　祁元芝　李志宽　张　柱　邢松林　徐德录　姜德泉　徐凤玉　牛秀珍　刘文江　李士喜　杨秀英　牛永顺　宋淑兰　崔文彩　徐林兰　李增泉　袁雪霞　张德元　张文才　牟光杰　党志刚　李维崇　李宝兰

5. 第五届党委会（1981 年 1 月至 1987 年 6 月）

党委书记：李凌新

党委副书记：惠万林　宋贵仓（1983 年 12 月离任）　张文才（1983 年 12 月接任）

陈庆明（1986 年补任）

党委委员：李凌新　惠万林　宋贵仓　张文才　陈庆明　陈士忠

李志宽　祁元芝　王　忠

6. 第六届党委会（1987 年 6 月至 1991 年 4 月）

党委书记：李凌新（1990 年 4 月离任）

陈庆明（1990 年 4 月接任）

党委副书记：胡玉让　高振泉（1990 年 4 月调入）

党委委员：李凌新　陈庆明　胡玉让　高振泉　王　忠　包淑魁　祁元芝　徐亦农　杨焕茹　谢　运

7. 第七届党委会（1991 年 4 月至 1996 年 11 月）

党委书记：陈庆明（1994 年 6 月离任）

高振泉（1994 年 6 月接任）

党委副书记：胡玉让　王　忠　尹跃进（1994 年 6 月调入）

党委委员：陈庆明　高振泉　胡玉让　王　忠　尹跃进　徐亦农　张文才　范树晨　何　冰　叶复兴　杨宝臣

8. 第八届党委会（1996 年 11 月至 2012 年 11 月）

党委书记：高振泉（1999 年 1 月调离）

尹跃进（2010 年 10 月调离）

苟长明（2001 年 7 月至 2003 年 3 月）

王明革（2010 年 10 月至 2012 年 10 月）

党委副书记：胡玉让　尹跃进　马建梅　何　冰

党委委员：高振泉　胡玉让　尹跃进　何　冰　戎向寅　李　蓉　张　申　董　斌　杨宝臣　王明革　张佩华

9. 第九届党委会（2012 年 12 月至 2016 年 11 月）

党委书记：何　冰

党委副书记：于永杰　高智慧（2016 年 6 月调离）

党委委员：何　冰　于永杰　赵青雷　高智慧　邵建祥

10. 第十届党委会（2016 年 12 月至 2018 年 11 月）

党委书记：何　冰

党委副书记：于永杰　任占伟

党委委员：何　冰　于永杰　任占伟　赵青雷　邵建祥

第三节　历任场长（革命委员会主任/总经理）

第一任场长（全国农业展览馆农场）陈锦余，任期1958年3月至1959年3月

第二任场长（全国农业展览馆农场/国营北京市种畜场）王云华，任期1959年3月至1963年3月

第三任场长（国营北京市东坝农场/国营北京市东风农场）张士达，任期1963年3月至1968年12月

第四任革命委员会主任宋贵仓，任期1968年12月至1970年3月

第五任革命委员会主任王化林，任期1970年3月至1972年11月

第六任场长李凌新，任期1972年11月至1981年9月

第七任场长惠万林，任期1981年9月至1984年11月

第八任场长陈庆明，任期1986年1月至1990年4月

第九任场长高振泉，任期1990年4月至1994年5月

第十任场长尹跃进，任期1994年5月至2001年7月

第十一任北京三元置业有限公司总经理尹跃进，任期2001年7月至2003年2月

第十二任北京三元置业有限公司总经理马建梅，任期2003年2月至2010年3月

第十三任北京三元置业有限公司总经理王明革，任期2010年3月至2010年10月

第十四任北京市东风农工商公司总经理于永杰，任期2010年10月

第四节　历任北京市朝阳区东风乡政府领导

东风乡乡长：

惠万林　任期1983年12月至1984年11月

陈士忠　任期1984年11月至1987年5月

王　忠　任期1987年5月至1994年2月

胡玉让　任期1994年2月至1998年11月

东风乡副乡长：

王　忠（1983年12月至1987年5月）

宋淑兰（1983年12月至1994年2月）

苗鸿儒（1983年12月至1984年11月）

李国秀（1991 年 2 月至 1994 年 2 月）

王德成（1994 年 2 月至 1998 年 11 月）

董　斌（1994 年 2 月至 1998 年 11 月）

刘荣华（1994 年 2 月至 1998 年 11 月）

第五节　历任副场长（副总经理）

李维崇（1959 年 11 月至 1962 年 11 月）

刘承宗（1963 年 3 月至 1968 年 2 月）

史春富（1968 年 2 月至 1969 年 6 月）

牟光杰（1968 年 2 月至 1976 年 6 月）

苗鸿儒（1968 年 2 月至 1983 年 12 月）

张振普（1969 年 1 月至 1974 年 10 月）

莫　全（1969 年 10 月至 1972 年 11 月）

宋贵仓（1970 年 3 月至 1981 年 9 月）

李郡楠（1972 年 2 月至 1975 年 10 月）

惠万林（1972 年 11 月至 1981 年 9 月）

马跃庭（1974 年 9 月至 1981 年 2 月）

祁元芝（1978 年 8 月至 1981 年 9 月）

李志宽（1978 年 8 月至 1987 年 6 月）

陈世忠（1978 年 8 月至 1984 年 11 月）

陈玉兰（1978 年 8 月至 1979 年 2 月）

李沛俭（1978 年 8 月至 1979 年 8 月）

王　忠（1978 年 8 月至 1983 年 12 月）

谢　运（1983 年 8 月至 1990 年 4 月）

包淑魁（1984 年 7 月至 1991 年 5 月）

徐亦农（1985 年 5 月至 1994 年 9 月）

丁玉良（1987 年 11 月至 1994 年 12 月）

曹仲侃（1987 年 8 月至 1987 年 12 月）

叶复兴（1990 年 5 月至 1993 年 2 月）

李国秀（1991 年 1 月至 1998 年 4 月）

杨宝臣（1991 年 1 月至 1998 年 4 月）

杨蕴琴（1991 年 3 月至 1996 年 12 月）

姜德珍（1992 年 12 月至 1998 年 4 月）

贾玉莳（1993 年 9 月至 1999 年 1 月）

何　冰（1998 年 4 月至 1999 年 1 月）

董　斌（1998 年 4 月至 2003 年 1 月）

王明革（2000 年 3 月至 2010 年 3 月）

郑　建（2001 年 7 月至 2003 年 3 月）

张佩华（2001 年 11 月至 2003 年 3 月）

曹京华（2000 年 6 月至 2012 年 4 月）

魏建田（2008 年 7 月至 2010 年 10 月）

赵青雷（2011 年 5 月至 2018 年 12 月）

王东生（2014 年 10 月至 2016 年 8 月）

潘　亮（2016 年 8 月至 2018 年 12 月）

第三十章　获得荣誉

第一节　北京市劳动模范和首都劳动奖章获得者

姓名	荣誉称号	授予时间（年）
杨宝臣	北京市劳动模范	1984
杨宝臣	北京市劳动模范	1989
戎向寅	首都劳动奖章	2002

第二节　北京市先进工作者及其他市级荣誉

姓名	荣誉称号	授予时间（年）
祁元芝	北京市民兵工作先进个人	1977
刘汉东	全国农垦先进工作者	1978
吕润和	北京市农林系统优秀党员	1981
孟秀英	北京市“三八”红旗手	1982
杨凤珍	北京市“三八”红旗手	1982
吴金玲	北京市“三八”红旗手	1982
谢　运	全国农业科技推广先进个人	1983
宋淑兰	北京市计划生育先进工作者	1984
牛秀红	北京市先进妇女干部	1986
白家玲	北京市先进会计人员	1987
王正兰	北京市先进妇女干部	1987
王　忠	北京市计划生育先进个人	1988
李凌新	全国优秀党务工作者	1989
张　申	北京市先进治保积极分子	1989
王　忠	北京市爱国卫生先进工作者	1989
王　忠	北京市计划生育先进个人	1989
杨宝臣	北京市农村优秀经营者	1990
叶复兴	北京市农村优秀经营者	1990

（续）

姓名	荣誉称号	授予时间（年）
刘艳华	北京市计划生育工作先进工作者	1990
马淑琴	北京市计划生育工作先进工作者	1990
赵宝华	北京市先进治安积极分子	1991
马丽茹	北京市先进治安积极分子	1991
宋淑兰	北京市计划生育先进工作者	1991
杨宝臣	北京市优秀共产党员	1991
徐燕明	北京市标兵	1991
王丽荣	北京市标兵	1991
徐彩英	北京市标兵	1991
朱伯云	北京市标兵	1991
陈　亮	北京市标兵	1991
吴殿元	北京市标兵	1991
何　冰	北京市先进军队转业干部	1992
王　忠	北京市计划生育先进工作者	1992
邹元飞	北京市优秀科技领导干部	1992
马淑琴	北京市计划生育先进个人	1994
胡玉让	北京市绿化先进个人	1995
刘燕华	北京市计划生育先进个人	1995
陈荣才	北京市爱国卫生先进工作者	1996
石宁平	北京市经济技术创新标兵	2001
赵秀清	北京市计划生育工作先进个人	2001
赵秀清	北京市计划生育工作先进工作者	2004
郭文建	北京市经济技术创新标兵	2004

附　　录

农场回忆文献

回忆东风磷肥厂二三事

马战友

20世纪70年代，对东风农场来说，东风磷肥厂是一个有相当规模的工业企业。如今谈起来仍令人记忆深刻。她的大发展，正值1970年国家第四个“五年计划”。那个时期，全国各地按照“四五”计划，纷纷建起小煤矿、小钢铁厂、小化肥厂、小水泥厂和小机械厂，即“五小工业”。“五小工业”在各地蓬勃兴起，大城市有，小城镇建。利用当地资源，力图改变区域单一农业经济结构，农业为主，兼顾工业发展，提高收入水平，以求改善区域经济面貌，增强地方经济实力。对农场来说，磷肥厂大发展既是落实国家发展计划，更是农场在以粮为纲方针指导下，利用自身优势，提高农场粮食产量、改变农场经济结构、促进农场经济发展、提高农场职工收入水平的重要战略举措。

磷肥厂、方正的厂区、高大的厂房、健全的机构、流畅的指挥、迭代的产品、来往的车流，透射出企业的欣欣向荣。有责任心、懂技术的老中青三结合的领导班子加上有干劲、肯钻研的新老科技人员和技术工人组成的技术队伍，以及有活力、能吃苦的老职工与知识青年组成的职工队伍，显示着这个企业的蓬勃生机。但囿于当时的经济与技术条件，工厂的设备设施仍显简陋，工人的劳动强度相对较高，劳动保护条件不尽完善。企业两大主要产品之一——普通过磷酸钙的生产，其破碎、烘干、球磨、搅拌等工序之间的物料运输连接基本上都是靠人力小推车完成，工人在高浓度粉尘环境下劳动，不但辛苦而且无防尘保护，生产安全上存在一定隐患，现有机械设备效能也不能充分发挥，影响生产效率。1976年前后，厂领导决策，投入人力物力对磷肥生产线进行改造。由于主设备已经就位定型，改造所需空间和技术参数的实现受到限制。当时组成了由厂领导、技术人员、维修技工参加的改造工程攻关协作小组，对改造项目一项一项地进行技术分析、统筹全生产线改造规划、制定实施细则方案，协调各方全力配合。任务就是命令，大家平日加班加点，周日放弃休息，从设计制图、设备制造、难点攻关到土建施工、设备安装、运转调试等无不精心安排、细心操作、精益求精。设计手册摆案头，非标制作不马虎，小活大责任，小厂大标准。改造工程试车一次成功，全线除个别工序条件限定无法改造外，全部实现了机械化和自动化。生产线改造工程的成功，大大节省了劳动力，降低了工人劳动强度，改善了工人劳动保护条件，提高了生产效率，推动了企业技术进步，对提高企业经济效益起到了重要作用。

20 世纪 70 年代末，随着东风农场产业结构的调整，磷肥生产下马了，一部分职工转岗到了农场其他企业，一部分知青经再分配回到了城里，但还有一部分人留了下来。这时的磷肥厂不再机器轰鸣，昔日的景象不复存在。怎么办？不能等靠要，自己找出路！功夫不负有心人。利用地理优势，这里成了北京汽车厂新下线汽车的仓库，一部分工人成了仓库保管员，从事仓储保管和安全保卫工作。职工们看着一排排国产汽车，敬佩祖国汽车工业自力更生自主发展的成就，自己的工作又和国家的发展联系到了一起，不由心生自豪。还有一部分人，以技术人员和维修技术工人为基础，集电气焊、塑料焊、钳工、电工、木工技术为一体，但无例外的需要自找出路。可喜的是人人都有一技之长。有优势就有出路，有想法就有思路，集职工之智慧，汇职工之所长，攥到一起形成拳头，以整体的力量坚定地走出去！走出去所承接的第一个项目是北京灯泡厂灯泡吹制车间空气净化工程，用“工程”两字说这件事，似乎把事说大了点，但项目的确是一个车间空气净化的完整体系。第一次承接这样大的工程，既有技术难度，又得承受不能失败的压力。遇到技术难题，大家共同攻关，需要异形模具，集体研究制作，需要各工种配合，全体齐心协力。严控的质量、按时的工期、满意的效果得到了灯泡厂方的赞誉。走出去的首个工程一炮打响，第二个工程则走得更远了。当河南省焦作市博爱县荧光灯厂的领导看到北京灯泡厂的这套装置和净化效果，果断邀请东风磷肥厂前往援建。磷肥厂有组织有规模地走出北京承接工程，这还是头一次。职工安顿好家人，特别是女同志，嘱咐好丈夫，放下年幼的小宝宝，大家背起行囊，毅然前往，没有掉队、毫无怨言。令人感动的是，在工程进展的关键时刻，东风农场党委派专人带着领导的关怀、组织的温暖、家人的嘱托专程前往博爱县慰问只有十几个人的工程组全体同志。大家心潮澎湃，热血沸腾，干劲倍增，怀揣着一份对组织的感激之情成功完成了工程任务，获得了博爱县各级组织和荧光灯厂厂方的高度好评。磷肥厂也向农场交上了一份令人满意的答卷。

改革开放以来，东风农场以距市区最近的优势，率先兴办饭店，吸引外资建企，调整产业结构，激发经济活力，满眼繁荣，日新月异。一任任场领导以坚定不移的意志改革开放，以百折不挠的毅力发展经济，以坚持不懈的努力改善民生。如今，陈旧的厂房已经变成了高楼大厦，昔日的业态华丽转身高大上，宿舍区变成职工的和谐温馨家园，跨越发展，沧海桑田。感恩改革开放，农场旧貌换新颜！感恩时代，农场实力雄厚职工欢悦又自豪！新时代新征程，东风人仍是奋斗者和追梦人！无可比拟的区位优势，多年积累的丰富资源，先进务实的经营理念，生生不息的东风文化，蓄势勃发的创新动力将会把东风的明天变得更加美好。衷心祝愿东风更加辉煌灿烂！

作者简介：马战友，20世纪70年代中期，自北京化工学院毕业后分配在东风磷肥厂任技术员，后历任东风磷肥厂副厂长、东风机械厂厂长、北京市农工商联合总公司科技处处长、北京市三环实业公司党委书记、北京市延庆农场场长兼党委书记、北京奶牛中心党委书记、北京三元种业有限公司党委书记。

有关东苑公寓项目建设的记忆

王　利

历史的长河回忆无穷。翻开东苑公寓的陈年档案，已有些字迹模糊的手写合资合同、公司章程及补充条款，字里行间可找到时代感，能从中忆起当年兴建东苑公寓时的艰辛，亦能感悟到当年北京市农工商联合总公司的领导与时俱进、敢于担当的魄力与大智慧。

在东风农场的历史中，东风旗下合资企业之一的东苑公寓可谓最具传奇，最有故事。因为她的诞生、建设、经营、合作乃至企业的转型都非常特殊。

东苑公寓项目的确立源于1985年时任北京市市长对美国的访问。市长在美国期间访问了IBM公司总部，IBM公司负责人希望在北京投资建设一家高端涉外公寓以供其在京的美方员工居住。市长当场承诺帮IBM公司介绍一家可靠的中方合作单位。市长回京后便将此事交给北京市农工商联合总公司负责承办，而北京市农工商联合总公司接收此任务后，即选择了拥有优势地理位置和优良土地资源的东风农场与IBM公司合作开发建设此高端涉外公寓项目。经过北京市农工商联合总公司外经处的协调和运作，国营北京市东风农场和IBM公司就合资建设北京东苑公寓项目进行了多轮深入的洽谈，在北京市朝阳区麦子店地区选定了项目地址，并共同签署了合资项目的意向书、合资合同和公司章程等文件。但是，IBM公司却一直没有积极推动项目的进程，并出于自己的原因，在项目立项一年之后宣布退出了该项目。IBM公司的退堂鼓致使东苑公寓项目搁浅了一段时间。

IBM公司退出项目之后，同样欲借中国改革开放之机在中国开发建设高端国际公寓的日本大和房屋工业株式会社主动找上门来。经过几轮商务洽谈，最终确定由国营北京市东风农场与日本大和房屋工业株式会社、日本丸红株式会社、日本ASN有限公司三家日本公司合资建设北京东苑公寓项目。在合资项目中，东风农场以土地作价入资，大和、丸红、ASN三家日本公司投入现金、工程设计和工业化生产的公寓主体。1987年6月19日，中外合资北京东苑公寓有限公司正式成立，项目总投资1200万美元、注册资本800万美元，项目筹建处开始运营。

那时正值国家改革开放初期，从上到下都对国家的政策认识不足，东苑公寓的项目运作起步艰难：项目中方筹建人员缺乏经验，而日方实操人员又对中国国情缺乏了解，并对中方缺乏信任，故中日双方在合作初期时有摩擦发生。此外，相关政府部门的个别办事人员曲解国家政策，对项目筹建人员时有刁难并在办理具体手续时制造障碍。总之，东苑公寓“好事多磨”。

东苑公寓的建设除建筑自身外，配套的市政工程亦是重中之重。当时当地，上下水、天然气、道路、通信等市政工程条件几乎为零，而合资企业对市政条件的要求远高于国内企业。大市政工程能否与公寓主体工程同步完成是东苑公寓项目能否按计划竣工开业的关键。虽然北京市政府部门为此给予了很大关照，但最终还是以东苑公寓为主，历尽千辛万苦组织完成了市政配套工程建设。而这项工程的组织者竟是一群毫无专业知识又无筹建经验的外行人，在同样外行的中方项目筹建负责人许丽女士的卓越领导下完成的，其难其苦其伟值得记述和点赞！要知道当年的大市政天然气管线是从将台路引过来的，且该工程不单是解决了东苑公寓的能源所需，而且解决了整个麦子店地区的能源问题。当时该浩大的能源工程与双路供水、两路供电并行推进，东苑公寓建设工地周边可谓壕沟纵横。

改革开放之初，百业待兴。东苑公寓的建设虽然困难重重，但各级领导都给予了高度关注与支持。在北京市农工商联合总公司领导的斡旋下，市长、副市长和秘书长等北京市政府领导曾经多次过问工程进展并多次亲临现场办公，协调关系，解决难题。北京市农工商联合总公司领导及相关处室更是不时亲赴现场考察、出谋划策，给外方以定心丸，给中方筹建人员鼓舞士气。

东苑公寓的整体设计是由日方股东之一的 ASN 公司承担，中国建筑设计院负责设计配合。东苑公寓土建的施工方为中建一局四公司，技术指导为日方股东之一的大和房屋工业株式会社，施工监理由北京建工学院的几位老师担当。

东苑公寓分为高层和低层两种类型的公寓，低层别墅型公寓除基础外的整体结构全部由大和房屋工业株式会社提供。大和的低层别墅型公寓建筑采用了最现代化的工业化生产和现场组装模式，设计精巧、材料新颖、式样美观，合理的复式结构及空间，一体橱柜开放式厨房，落地飘窗等令所有看到该建筑的人都耳目一新，赞叹不已。工程尚在进行之中时，就有中央领导及各级官员慕名前来参观，看后无不发出叹服的感言。东苑的高层公寓同样为复式结构，虽然用材及精度不及低层，但在当时的年代也确是非常高大上的。东苑公寓别具一格的精美建筑，错落有致的布局，公园式的绿化，在当时可谓鹤立鸡群。

当年中国改革开放的政策引得无数外商前来淘金，而当时为数不多的涉外饭店又难以满足与日俱增的国外客商的需求，特别是带家眷的客商蜗居在饭店十分不便，所以非常期待高端公寓的诞生。而东苑公寓恰逢其时的问世，着实为其提供了最佳的选择。因此，在东苑公寓刚建设完成 2 栋总计 8 个单元的别墅型公寓且在无天然气、无供水、无供电、无热力、无道路的情况下，外国宾客就迫不及待地选择了入住。这恐怕是绝无仅有的卖方市场占绝对优势的典型案例。在其后数年的经营中，独具特色的经营服务模式和独具特色的庭院布局，别无二家的日式别墅型公寓，赢得了十四国一流商家的青睐。商家排队候住，而东苑则只选国外一流的商家或品牌企业作为自己的客户。

东苑公寓的成就，不可不提北京市农工商联合总公司总经理邢春华、外经处处长王海明、东风农场党委书记李凌新、陈庆明和场长惠万林。邢春华总经理的大智慧引领、明察秋毫且放眼世界的博大胸怀赢得了合作外方的充分信任，他的经济思维和判断力让外方佩服得五体投地。王海明处长对外资政策理解透彻，他的专长及谈判能力让外方敬畏，他全方位贯彻始终的协助指导，使东苑公寓项目得以顺利推进。东风农场的老书记李凌新、陈庆明，老场长惠万林对东苑项目更是百分百尽职尽责，给予了最大限度的后盾支持。

东苑公寓合作各方相互信任各尽所长，不仅获得了令人羡慕的经济收益，还取得了巨大的社会效益，成为北京市农工商联合总公司对外宣传的窗口，也成为总公司系统众多合资企业中中外各方和谐合作的典范。

东苑公寓是改革开放结出的硕果。东风农场是改革开放最早的受益者。改革开放改变了东风农场以农畜为主业的历史，同时也改变了职工的面貌。中外合资企业东苑公寓的诞生、建设和运营都是东风农场史志中的重要内容。

廿九年的合作，股东各方收益丰厚。但随着时代的变迁，后期风光已然不在，正应了合久必分、分久必合的古训。新一代东风农场掌舵人智慧运作，平和终止了合作，东风农场再次成了东苑公寓土地的主人。

佳话已成历史，但曾经参与和见证了东苑公寓全过程的人都或多或少的对已成为历史的东苑公寓有着不尽的思索与回忆。

作者简介：王利，毕业于北京大学东语系，曾任北京东苑公寓有限公司副总经理（总经理为日方出任），并曾亲身参与过中日合资北京光明饭店有限公司、中日合作北京三全公寓有限公司和中日合资北京东苑公寓有限公司的项目建设。

东风农场场乡体制改革纪实

胡玉让

1998年下半年，在北京市农口开展的那场场乡体制改革，是对北京市农场系统有深远影响的一次重大变革。当时我在东风农场（东风乡）任乡长，经历了改革的全过程。

自1958年以来，北京市大多数国营农场实行的是场社合一、以场带社、国营集体两种所有制交叉的管理体制。这种体制，在短缺经济条件下，对农场和郊区农村的经济发展起了一定的推动作用，使农场成为北京市稳定的副食品生产基地，繁荣了经济，保证了供应，促进了郊区农村的发展。但是，随着我国改革开放的深入，市场经济体制的确立和健全，场乡之间的矛盾和两种所有制之间的矛盾开始暴露出来。

1998年8月10日，北京市委、市政府在圆山大酒店召开了北京市农工商联合总公司场乡体制改革动员大会，副市长岳福洪传达了市委、市政府文件，反复说明这次北京市农垦系统场乡体制改革的目的，就是解决场乡合一、以场带乡、两种所有制交叉的矛盾，以促进郊区农村整体经济的快速发展。他还讲清这次改革的原则、步骤、指导思想和严肃纪律等问题。北京市委副书记张福森又反复强调并要求大家一定要加强领导，统一认识，讲大局、讲纪律、讲风格，互相支持。

8月11日上午，我场领导班子开会，传达8月10日市委、市政府关于场乡体制改革动员大会的精神和张福森、岳福洪两位市领导的讲话，并进行了深入又热烈的讨论，每个人都表了态。党委书记高振泉对我场的场乡体制改革工作做了安排，讲了党委对干部的要求，特别强调领导干部一定要讲大局、讲原则、讲纪律、讲风格，确保全场、全乡的稳定。会上决定成立东风农场场乡体制改革领导小组，组长高振泉，组员有尹跃进、胡玉让、何冰、曹非、董秋芬。建立工作办公室，曹非为主任，成员有张申、董秋芬、班欣、佟宝铭、张雨平。为确保体制改革和日常工作两不误，确定场长尹跃进以主要精力抓经济工作，书记高振泉、乡长胡玉让、副书记何冰主要精力抓场乡体制改革。高书记特别强调，虽然目前一个月主要解决机构和人员分离，但财产划分阶段涉及面大，问题多，矛盾突出，工作办公室现在就要深入各厂、各村、生产队、有关科室站，调查研究，发现问题，找准矛盾，并听取各方面的意见，经过综合分析，按照政策，拿出各自的解决方案。

8月14日，北京市政府、朝阳区政府和北京市农工商联合总公司派出的联络组进驻我场。市政府联络组有姜永洲和胡鸣鹤，区政府联络组有张连贵和王德正，市农工商联合总公司联络组有葛祥书和陈建国。姜永洲为东风联络组组长。我们向联络组做了汇报，姜永洲等同志讲了话，肯定了东风场乡体制改革这几天的工作，指出了今后应注意的问题。

8 月 17 日，东风农场场乡体制改革领导小组开会，听取工作办公室关于机构和干部分离的意见。东风农场机关共有科、室、办、工青妇等机构 42 个，属于乡政府的科、室、办有 12 个，36 名干部，计有：财政所 3 人，劳动科 5 人，民政科 5 人，统计科 3 人，农业科 2 人，交通管理科 5 人，规划科 3 人，综治办 2 人，市容办 3 人，计生办 2 人，武装部 2 人，妇联 1 人。另外，乡政府还有事业性服务性的站、院 9 个，职工 32 人，计有：林业站 3 人，种子站 1 人，水管站 8 人，农经站 2 人，畜牧站 10 人，电管站 3，文化站 2 人，东风医院 1 人，敬老院 2 人；还有乡农工商公司，职工 14 人，居委会 3 个，干部 3 人；新老乡领导干部 4 人，离退休干部 17 人。党委系统的机构有组织科、宣传科、纪检办、信访办（纪检办兼）、团委（组织科干部兼）。经过领导小组讨论，本着尊重历史，承认现实，有利于工作的原则，决定：属于乡政府的科、室、办 12 个，干部 36 人，划归乡政府管理；乡政府的事业性站、院，除电管站、文化站因财产属于国有，干部属于农场，应留在农场外，其他 7 个站院，27 名干部全部划归乡政府管理；乡农工商公司及职工 14 人，3 个居委会及干部 3 人，新老乡领导 4 人，离退休干部 17 人，划归乡政府管理。党委系统的组织科、宣传科、纪检办和信访办、团委，留在农场。我们将此分离方案迅速向上级做了汇报，个别做了微调。这之后，对少数同志（原区管干部这次留在农场和原农场干部这次划归区管的）我们做了一些思想教育工作，向他们宣传这次改革机构、人员分离的原则，要求大家从大局出发，服从工作需要，服从组织安排。8 月 25 日形成《东风农场场乡体制改革机构人员的分离方案》。

在改革的第二阶段，即对财权、产权、地权的分割上，我们遇到了较大的困难。东风农场与星火公社合并虽晚（1978 年），但地理位置优越。在改革开放中，国内外企业通过与东风合资、合作、联营等新建立的企业较多。在洽谈中，对方大都要求我方必须以东风农场为主体参与合资合作，而东风可用土地又大都在农村，属集体所有制，这实际上是使用集体土地，由国营农场出面与对方合建企业。这样利益关系就非常复杂。

8 月 20 日，场党委召开场乡体制改革情况通报会，由工作办公室汇报部分企业财权、产权、地权的交叉情况以及他们提出的处理意见。我们要求体制改革领导小组成员准备自己的意见。具体问题主要有：国营华泰塑料厂在辛庄村租地建厂问题，国营琉璃制品厂在将台洼村占地建厂问题，国营鹿队地权问题，朝阳高尔夫俱乐部和朝阳公寓的地权、产权问题，豆各庄村武术馆问题，三元宾馆出售余款问题，东直门构件厂的写字楼和商场问题等。8 月下旬，领导小组成员连续几天开会讨论财权、产权、地权的分割，但由于涉及利益关系，议论纷纷，意见分歧很大，特别是在一些利益关系重大的问题上，意见很难统一。

8月25日，北京市农委赵凤山书记、安钢副主任来我场了解场乡体制改革的进展情况，听取了场党委和联络组的汇报后，指示我们要坚决按市委市政府的方针办；要根据实际情况，按照有利于整体发展的原则探索一个方案，由双方协商；要多协调，互让互利，场党委书记要做好双方的协调工作。

按照市农委领导的指示，我们认真分析了这些日子大家讨论的意见，不是事事都有分歧，有一些小问题多数人看法还是一致或趋于一致的，意见分歧大的有三个问题：一是朝阳高尔夫俱乐部的产权和经营权问题，二是农场投资在东直门构件厂院内所建2400平方米写字楼的产权和收益分配问题，三是乡政府的办公地址以及农场给乡政府的迁建费、开办费的数额问题。就这些分歧大的问题，我们多次找各方面的干部个别征求意见，综合大家的看法，按照四个有利于和确保稳定的指导思想，提出了一个我们认为大家都能接受的方案。

9月16日，农场党委按照市、区要求，召开了我场场乡体制改革机构、人员分离大会，宣布机构人员分离的原则和人员名单，联络组长姜永洲讲了话，提了要求。并根据区委、区政府安排，由王忠、刘荣华、王德成组成领导小组，王忠为组长，主持乡政府这边的工作。

这以后，资产的分离工作实际是在场党委领导下由农场和乡政府双方领导对初步方案进行探讨和协商。从9月中旬到10月中旬，又经过十数次的讨论、协商、协调、修改，双方都一点一点地做出让步，双方的意见也逐渐接近了，于是在10月20日根据大家最后的意见，写出了《东风农场场乡体制改革土地、资产划分方案》。这以后，农场和乡政府就是如何执行土地、财产划分方案的问题了，尽管还有不少事情需要双方讨论、协商，但是场乡体制改革的重大问题总算基本解决了。

这件事情已经过去20多年了。实践证明，市委、市政府关于场乡体制改革的决策是正确的。经过改革，农村有了突飞猛进的发展，农场的发展空间虽减小了些，但却摆脱了大量的行政事务，瘦了身，领导班子的精力更充沛更集中了，农场发展的质量更高了。

作者简介：胡玉让，1987年至2001年任东风农场党委副书记，1994年至1998年兼任东风乡乡长。

获奖情况

1. 东风农场科研项目获奖一览表

获奖项目名称	获奖等级	获奖单位	年度
兽用绒毛膜促性腺激素		东风农场	1970
乳牛淋巴瘤临床诊断	北京市农场局二等奖	畜牧科	1981
腐殖酸钠治疗鸡球虫病	北京市农场局三等奖	畜牧科	1981
筛选推广 BD-1 号草坪	北京市农场局二等奖	农业科	1983
推广笼养鸡先进技术	北京市农场局一等奖	畜牧科	1983
鸡防疫微量血测定研究	北京市农场局二等奖	畜牧科	1984
注射用胸腺肽	北京市一等奖	制药厂	1985
蜂王浆补剂系列产品	北京市农场局三等奖	制药厂	1986
QKR-C2 电动软轴雕刻机	农业部优质产品	机械厂	1986
人参蜂王浆	中国寿星奖	制药厂	1987
人参蜂王浆	国际金奖	制药厂	1987
卡马西胶囊	北京市农场局三等奖	制药厂	1988
短枝型玫瑰红苹果	北京市三等奖	果树队	1988
北京 106 大白菜	北京市农场局燎原科技一等奖	农业科	1988
84-01 芹菜良种	北京市农场局燎原科技二等奖	农业科	1988
维生素 E 蜂王浆	北京市双优奖	制药厂	1988
维生素 E 蜂王浆	农业部奖	制药厂	1988
维生素 E 蜂王浆	中国寿星奖	制药厂	1988
维生素 E 蜂王浆	巴黎博览会金奖	制药厂	1988
无土电热育苗技术	北京市农场局三等奖	农业科	1989
奶牛中期饲养管理技术	北京市一等奖	畜牧科	1990
辛佩止鼾滴鼻剂	北京市农场局一等奖	制药厂	1990
辛佩止鼾滴鼻剂	国际成就奖	制药厂	1990
辛佩止鼾滴鼻剂	巴黎博览会银奖	制药厂	1990
G 型电动雕刻机	北京市农场局三等奖	机械厂	1990
蚊敌驱避剂	北京市农场局二等奖	制药厂	1990
蚊敌驱避剂	美国国际博览会成就奖	制药厂	1990
AIC-LL 型工业窑炉	北京市农场局三等奖	琉璃制品厂	1990
木塑单框双玻璃保温窗	北京市农场局三等奖	木制品厂	1990
辛佩止鼾灵	北京市二等奖	制药厂	1991
水洗夹克	北京市三等奖	欣华服装厂	1991

（续）

获奖项目名称	获奖等级	获奖单位	年度
小童背带棉裤	北京市三等奖	东风服装厂	1991
奶牛饲用小黑麦推广	农业部二等奖	畜牧科	1993
素瑶牌男夹克	北京市三等奖	蓝野时装厂	1993
细纺棉服	北京市三等奖	欣华服装厂	1993
磨毛夹克	北京市三等奖	东风服装厂	1993
参芪乌鸡精口服液	北京市三等奖	制药厂	1993
射麻口服液	农业农村部	制药厂	1993

2. 东风农场历年来基础数据统计表

东风农场历年来基础数据

年度	土地总面积（亩）	耕地总面积（亩）	职工数（人）	国营企业收入（万元）
1958	3322.9	2285	361	11.7
1959	3562	2525	438	66.3
1960	12201.3	7730	450	72
1961	11298.3	7251	702	95.3
1962	10977.7	7836.7	709	110
1963	10977.7	7811	825	137.2
1964	10947.7	7974	880	127.5
1965	10925.7	7973	829	124.7
1966	10905.7	7981.6	777	153.1
1967	10905.7	7979	797	111.3
1968	10905.7	7970	701	134.6
1969	5290.7	3757	454	141.7
1970	5273.7	3846	576	154
1971	5273.7	3842	786	168.3
1972	5286.7	3827	778	165.1
1973	5266.7	3838	785	182.4
1974	5266.7	3787.4	881	169.9
1975	5266.7	3786.4	880	206.6
1976	5266.7	3785.6	953	272.8
1977	5266.7	3777.5	1320	332.7
1978	13513.5	9284.8	1145	363.5
1979	13176.2	9078.8	949	363.7
1980	12932.7	8889.2	936	545.2
1981	17526.3	8796.5	972	561
1982	17287.5	8501.6	960	766.4
1983	17262.5	8499.8	1072	921

（续）

年度	土地总面积（亩）	耕地总面积（亩）	职工数（人）	国营企业收入（万元）
1984	17148	8385.3	1130	1103.3
1985	16354.3	7591.7	1189	2261
1986	15776.6	7333.9	1204	2785.3
1987	15720.6	7278	1511	4708
1988	15720.6	7238	1948	9384.8
1989	15720.6	7228.4	2496	9507
1990	15717.1	6442	3070	9158.7
1991	14915	6421.8	2921	10188
1992	14340	5846.7	3064	10552
1993	11518	5764	3085	9534
1994	11518	5712	2579	7452
1995	11411	5523	2398	9015.4
1996	11936.8	2691	2111	6779
1997	10318.5	2030	1455	4548.4
1998	4123	582	930	4908.4

后记

《北京东风农场志》正式出版，这是农场史志工作的一项卓越成绩。

为总结历史经验，鉴古知今，继往开来，农场办公室于2017年开始着手组织《东风农场志》的编修工作。经过编纂人员的通力合作，终于完成了编纂任务。

《北京东风农场志》是一部记载东风农场历史和现状的综合性工具书，全书内容涉及东风农场曾经管辖的地区和单位，以及各个历史阶段的重要事件。一个农场的简志，即是一部社会发展史，能够以小见大地反映出中国农垦半个多世纪的沧桑巨变。这在东风农场的发展史上更是如此。要编好东风农场志，不能简单地排列组合，须从不同侧面，各具特色地描绘出社会大环境下的发展状况。因此，编纂这样一部看似容易的简体志书，实则是一项庞大而繁杂的文化工程。

由于时间跨度大，涉猎范围广，社会组织变动频繁，缺乏档案史料，再加之编写人员水平所限，编好这部志书面临着诸多困难。为保证志书质量，我们在编纂《北京东风农场志》过程中，大体分为四个步骤：首先，农场办公室制定出编纂组稿方案，经党委批复后，纳入修志规划，向有承编任务的各单位下发编纂组稿通知和方案，对志书的组稿方式及编纂提出统一要求。其次，由各有关单位和部门派专人多方征集资料，并根据方案要求，撰写初稿，上报办公室。再次，农场聘请熟悉农场历史，具备丰富修志经验的专家对上报志稿进行编辑加工，核正史实，切实做到多者删之，缺者补之，伪者辨之，讹者正之。成稿后再反馈给入志单位征求意见，然后总纂合成，力求达到精益求精。最后，向有关单位征集了部分图片，力求使志书图文并茂，更加生动、形象地再现改革开放以来东风农场所发生的巨大变化。

本志在组稿、编纂过程中得到了农场各个单位领导和同志以及曾经在农场工作过的老领导、老同志的鼎力支持和帮助；集团公司史志办对《东风农场志》的编纂给予了大力支持和具体指导，并参与了部分内容的编写；集团公司的领导和有关部门也对本志书的编纂给予了大力支持与指导，我们在此一并表示诚挚的感谢！

修志不易，出精品更难。《北京东风农场志》的编纂工作是一项系统工程，由于志书资料较为缺乏，所涉及的入志资料时间久、跨度大，政策水平要求高，虽几经锤炼，但难免有纰漏、谬误之处，恳请各方人士不吝赐教。

北京东风农场志编纂委员会

2020年11月